«Estoy realmente agradecido por el valor de Lysa TerKeurst para caminar con nosotros y enseñarnos, no solo a partir de sus propias experiencias, sino también de su vasta investigación teológica y terapéutica sobre qué es el perdón, qué no es y cómo vivirlo de manera realista. Este es un recurso inestimable, y mi oración es que traiga sanidad a tu vida como lo hizo a la mía».

—CRAIG GROESCHEL, pastor de Life.Church;
autor *best seller* del *New York Times*

«Vivir el perdón puede ser una de las cosas más difíciles de la vida; y Lysa ha escrito una guía de una belleza impresionante para que maniobremos con las partes más dolorosas de nuestro pasado. ¡Ella misma ya ha recorrido este duro camino, y lo que Dios ha hecho en ella, y a través de ella, es nada menos que un milagro!».

—JENNIE ALLEN, autora *best seller* del *New York Times* de *Lo que me pidas*;
fundadora y visionaria de IF:Gathering

«Es muy posible que *Perdona lo que no puedes olvidar* sea el libro más importante sobre el perdón que haya leído. Una parte ignorada de mi corazón fue sanada a medida que leía cada página, y al luchar por el perdón encontré la libertad».

—BIANCA JUAREZ OLTHOFF, oradora, maestra bíblica y
autora *best seller* de *How To Have Your Life Not Suck*

«Una increíble colisión de lo trastornado pero milagroso. Contemplar a Lysa y Art apoyarse en esta libertad, y abrir sus manos y corazones a Dios a medida que Él continúa escribiendo un milagro en la historia de ellos, es uno de nuestros mayores privilegios. Si estás listo para seguir adelante con libertad, y crear una vida que sea hermosa una vez más, ¡lee este libro!».

«Lysa les recuerda a los lectores que no es con lo que luchamos, sino cómo lidiamos con las circunstancias lo que produce un mensaje redentor de esperanza para los demás, una verdad reiterada de manera conmovedora en la vida de Lysa y en las páginas de este libro».

«El libro de Lysa me ayudó a volver a visitar y restaurar lugares en los que mi corazón me impedía el perdón. Esta historia será un bálsamo sanador para todos los que anhelan libertad emocional. ¡No pude parar de leerlo!».

«Lysa ha sido mi amiga durante veinte años. Confío en ella y tú también deberías hacerlo. A menudo le expreso que es una sanadora de corazones rotos. Deja que ella te guíe y te enseñe a perdonar para que puedas vivir de nuevo».

«Si alguna vez has intentado perdonar a alguien, pero no lo has logrado, entonces este libro es para ti. Desearía haber tenido este libro durante toda mi vida de adulta. Lo leeré una y otra vez».

«*Perdona lo que no puedes olvidar* se convertirá en el manual al que acudirán los lectores sobre el tema del perdón y sobre el proceso de sanar del impacto de las heridas emocionales profundas».

—STEPHANIE A.

«En las páginas de este libro están escondidas tantas perlas en forma de verdad y perspectiva que es casi imposible parar de leerlo».

—KIMBERLI F.

«Como alguien que causó heridas en mi propio matrimonio, para mí fue increíblemente beneficioso ver la batalla por el perdón desde el otro ángulo. Lysa te ayuda a encontrar la forma, ya sea de perdonarte a ti mismo, o de perdonar a otros».

—LINDA G.

«Las palabras de Lysa llegaron a mí durante una etapa de mi vida llena de luchas significativas con la pérdida, el dolor y con una vida llena de lo inesperado. Ella me ayudó a comprender que yo también podía ser bella una vez más. Estoy muy agradecida».

—STARR H.

«Estas son las palabras que tanto necesitas y que te preguntarán con ahínco: "¿Por qué te has aferrado a este dolor por tanto tiempo?"».

—MICHELLE R.

LYSA TERKEURST

PERDONA LO QUE NO PUEDES OLVIDAR

DESCUBRE CÓMO SEGUIR ADELANTE, HACER
LAS PACES CON RECUERDOS DOLOROSOS Y
CREAR UNA VIDA NUEVAMENTE HERMOSA

GRUPO NELSON
Una división de Thomas Nelson Publishers
Desde 1798

NASHVILLE   MÉXICO DF.   RÍO DE JANEIRO

© 2020 por Grupo Nelson
Publicado en Nashville, Tennessee, Estados Unidos de América.
Grupo Nelson es una marca registrada de Thomas Nelson.
www.gruponelson.com
Este título también está disponible en formato electrónico.

Título en inglés: *Forgiving What You Can't Forget*
© 2020 por Lysa TerKeurst
Publicado por Thomas Nelson

Publicado por Nelson Books, un sello de Thomas Nelson. Thomas Nelson es una marca
registrada de HarperCollins Christian Publishing, Inc.

Editora en jefe: *Graciela Lelli*
Traducción, edición y adaptación del diseño al español: *Grupo Scribere*

ISBN: 978-1-40022-627-6
Ebook: 978-1-40022-620-7

20 21 22 23 24 LSC 9 8 7 6 5 4 3 2 1

Dedicado en recuerdo amoroso a Brian Hampton y
su hermosa familia, Karen Hampton, Ben Hampton y
Caroline Hampton Cole. El sello personal de Brian está
en todo lo que he escrito en los últimos diez años, y
desde luego, este libro no es una excepción. Al escribir
estas palabras pude escuchar su sabiduría tierna, su
desafío magnánimo y su creatividad brillante. Lo extraño
mucho. Su sonrisa mayor y más brillante aparecía en
su rostro cuando hablaba de cada uno de ustedes.

CONTENIDO

INTRODUCCIÓN

Todavía lloro por lo que sucedió

¿HAS NOTADO ALGUNA VEZ que defines la vida como antes y después de esa herida profunda? Esa etapa horrible. Esa conversación que te dejó pasmado. El horroroso día del descubrimiento. La desconcertante llamada sobre el accidente. El divorcio. El suicidio. La muerte injusta tan insondable que aún no puedes creer que ellos ya no están. La negligencia. La ruptura. El día en que tu amigo se alejó. La conversación detestable. El comentario que ahora parece estar grabado en tu alma. La ocupación de algo que debería haber sido tuyo. La brutalidad desatada sobre la persona que amas. El correo electrónico que no se suponía que leyeras. La manipulación. La violación. La acusación falsa. El robo. El incendio. El despido. El día que todo cambió.

Ese momento marcado en el tiempo.

Como tu propio A. C. y A. D. personal, que generalmente significan antes de Cristo y *anno Domini* (año del Señor). Los eruditos bíblicos procuraban que esta datación señalara un punto de inflexión en la historia: el nacimiento, la vida, la muerte y la resurrección de Cristo. Cuando tenemos momentos personales marcados en nuestra propia historia, señalamos las demás cosas como antes de la crisis y después del año de la devastación.

Es una línea en el tiempo. Una línea tan marcada en tu realidad que no solo divide tu vida, sino que divide tu banco de memoria y lo contamina. Las imágenes del pasado son algunos de nuestros tesoros más valiosos, hasta que se convierten en recordatorios dolorosos de lo que ya no es. Y cuando tu teléfono inteligente envía al azar esas imágenes de recuerdos de lo que sucedió ese mismo día hace cuatro años, la respiración se te corta.

La vida antes. La vida ahora. ¿Es posible seguir adelante con algo como esto? ¿Es posible crear una vida que sea hermosa nuevamente?

Una parte de lo que amabas en tu vida explotó en ese momento, y te marcó con este indeseado punto de referencia del antes y el después. El dolor es devastador, independientemente de cómo se presente. Pero cuando hay una persona o personas cuyas decisiones prendieron el fósforo que hizo estallar el dolor, es natural que aprietes la mandíbula al pensar en lo sucedido.

Y tal vez parece que todo el tiempo estás pensando en lo que sucedió. O al menos la mayor parte del tiempo te preguntas si alguna vez dejarás de tener esa sensación de dolor profundo y desalineado. Esa punzante angustia que borbotea con una mezcla similar de ansiedad, preguntas sin respuestas y una sospecha de que en realidad nadie en el mundo se encuentra verdaderamente seguro.

La gente está a tu alrededor, en el trabajo, en la cafetería, en la escuela de tus hijos e incluso en la iglesia, y ellos solo intentan vivir sus vidas, sin darse cuenta en lo absoluto de que en cualquier momento en ti podría despertarse un recuerdo tan doloroso que sentirás como si en el mundo no hubiera más oxígeno que respirar. Pero tú eres el único afectado. Estás jadeando, sudando; y te piden que sigas adelante con esto, o que te salgas del camino de los demás.

Todo lo que puedes hacer es observar fijamente las imágenes que acaban de aparecer, tomadas justo antes de que todo cambiara, y te sientes desesperado por volver a ese momento y advertirle a tu antiguo yo que lo redirija… que cambie el rumbo… que evite… que escape… que gire… y tal vez, tal vez esto nunca hubiera sucedido.

Entonces, seguramente, no estarías aquí. En el desastre de la réplica y las repercusiones. Dolor y pánico. Sintiéndote tan frágil como la ramita más pequeña, pero tan atrapado en este lugar como un tocón de cien años.

Entiendo todo eso.

Como tú, yo desearía no tener una comprensión tan personal de esos sentimientos. Pero la tengo. Si leíste mi último libro, *No debería ser así*, conoces sobre el descubrimiento devastador de la aventura amorosa de mi esposo y del largo camino de incertidumbre por el que aún caminaba al final de ese libro. Los cuatro años de angustia infernal posteriores al descubrimiento dieron finalmente un giro inesperado hacia la reconciliación. Estoy agradecida, pero no me he visto exenta del trabajo lento y extenuante de encontrar nuevamente el camino, luego de experimentar algo que marca tu vida para siempre.

Hoy lloré una vez más. No fue porque algo ande mal en mi matrimonio. La restauración es un don por el que estoy muy agradecida, pero este libro no trata sobre eso. Trata sobre descubrir qué hacer cuando no puedes olvidar lo que sucedió y el *perdón* nos parece una mala palabra.

Levantaré mi mano en este momento. Por eso lloré hoy. Si te sientes identificado con esto, entonces sabes lo horrible que es definir la vida de uno con las palabras *antes* y *después*. Y si nadie más en este mundo ha sido tan amable de decirte esto, yo lo haré. Siento muchísimo todo lo que te ha pasado.

Ya sea que se tratara de un suceso o una serie de heridas que se acumularon con el tiempo porque alguien no era quien se suponía que debía ser, no hizo lo que debía hacer o no te protegió como debería haberte protegido, tu angustia merece en un lugar seguro donde procesarla. Quienquiera que sean «ellos» en tu historia, sus acciones te lastimaron, te restaron, y desataron una cadena de sucesos que aún te afectan mucho. Y eso estuvo mal.

Esto no es un juicio contra ellos. No conozco todos los hechos de lo que sucedió. Y no estoy calificada para ser su juez; sin embargo, puedo ser testigo de tu dolor.

Tu dolor es real. Y el mío también. Entonces, si nadie ha reconocido esto contigo, yo lo haré.

Pero, amigo o amiga, ¿puedo susurrar algo que estoy aprendiendo?

Quedarte aquí, culparlos y definir tu vida para siempre por lo que ellos hicieron solo aumentará el dolor. Peor aún, esto seguirá proyectándose sobre otros. Cuanto más nuestro dolor nos consuma, más nos controlará. Y tristemente, son aquellas personas que menos merecen ser lastimadas a quienes nuestro dolor no resuelto les hará el mayor daño.

En cuanto a esa persona o personas: ya han causado suficiente dolor a ti, a mí y a quienes nos rodean. Ya se ha producido suficiente daño. Ya ellos se han llevado bastante. No tienes que entregar lo que era valioso e invaluable para ti, ni considerar nocivos todos los recuerdos. Puedes decidir cómo seguirás adelante.

Hace unos años, cuando mi matrimonio implosionó, no pensé que tuviera el visto bueno para guardar recuerdos que eran preciosos para mí. Pensé que mi matrimonio había terminado; por consiguiente, mi vida tenía que ser editada tanto hacia adelante como hacia atrás. Recorrí toda la casa y eliminé todas las fotos de «nosotros». Empaqué algunos de mis recuerdos familiares favoritos. Traté de liberar mi vida de cualquier cosa que me recordara lo que una vez fue, porque… bueno… porque no sabía qué más hacer. Pero esterilizar mi vida por completo de la presencia física de recordatorios no eliminó el dolor. No puedes editar la realidad para intentar forzar la sanidad. No puedes fingir que estás bien con lo que sucedió. Pero puedes decidir que quien te hirió no llegue a decidir qué hacer con tus recuerdos. Tu vida puede ser una combinación digna de lo bello y lo doloroso. No tienes que poner ninguna etiqueta definitiva en lo que una vez fue. Puede ser ambas cosas y tal vez eso sea parte de lo difícil de seguir adelante: soltarlo. No obstante, ¿qué pasa si es posible que soltemos lo que

Cuanto más

nuestro

dolor nos

CONSUMA,

más nos

CONTROLARÁ.

debemos aún llevar con nosotros, lo que es hermoso, significativo y verdadero para nuestras vidas? Y tal vez esta versión menos severa de seguir adelante es lo que nos llevará cuidadosamente a un lugar de perdón. Ya ha habido suficiente trauma.

Por lo tanto, debido a que no quiero que nada más me sea arrancado o despojado, necesito decidir qué se queda y qué se va.

Esto es lo que necesito. Esto es lo que quiero.

Quiero mirar mi álbum de bodas con alegría nuevamente, a pesar de que al final una aventura amorosa sería una realidad horrible para nosotros. Ese día de bodas fue real y hermoso y vale la pena atesorarlo.

Quiero recordar las vacaciones que todos disfrutamos sin centrarme en que también en ese tiempo yo no sabía lo que estaba pasando. Todavía estábamos construyendo recuerdos increíbles llenos de risas, compartiendo bromas muy de nosotros, juegos competitivos locos, bailes tontos y largas conversaciones durante la cena. Fue real y fue encantador. Y no estoy dispuesta a negar lo que experimenté auténticamente.

Quiero ver esa tarjeta de Navidad que enviamos, con todos nosotros bien vestidos y sonrientes, y no horrorizarme, sintiéndome tonta o impostora. La proximidad familiar que captamos ese día fue real, y muy preciosa y completamente verdadera para mí.

Yo también deseo esto para ti. Sin embargo, esto se traduce en el contexto de tu dolor, esas imágenes, esos recuerdos, esos momentos de compañerismo… si fueron de gozo para ti, son tuyos y debes conservarlos.

Otros recuerdos que son terriblemente dolorosos debes soltarlos.

Y aquellos recuerdos que son una maraña de ambos debes clasificarlos en montones de cosas para guardar y desechar. Es necesario que no dejes que el dolor reescriba tus recuerdos. Y es absolutamente necesario que no permitas que el dolor arruine tu futuro.

CAPÍTULO 1

perdón,

LA PALABRA
DE DOBLE FILO

EN LOS PRIMEROS DÍAS y meses de la devastación de mi matrimonio, recuerdo haber deseado poder dormir como cuando a uno lo van a operar. ¿Por qué solo llaman a los anestesiólogos cuando nos abren quirúrgicamente? No es menos doloroso cuando te abren emocionalmente.

La conmoción, la angustia y la implosión de la relación afectaron todas las áreas de mi vida. Nada quedó intacto ni sin sufrir daño. Y cada día yo sentía las duras realidades. Cada mañana me despertaba con algo más devastador. Mis hijos estaban padeciendo. La salud me estaba fallando. Mis finanzas eran un desastre. Recibía cartas de abogados que nunca soñé que necesitaríamos. Y cada noche, la única forma en que podía dormir era decirme a mí misma la mentira de que mañana sería mejor.

Los días se convirtieron en meses. Los meses se convirtieron en años. Y lentamente me convertí en alguien que no reconocía. Mi espíritu fuerte y normalmente alegre se convirtió en una mezcla confusa de ansiedad, ataques de pánico y un dolor que cegaba del alma tan intenso que pensé que nunca me sentiría saludable ni recuperaría una sensación de normalidad nuevamente. Y debido a que había pasado por tantas cosas sumamente difíciles de procesar, una oscuridad comenzó a nublar aquella perspectiva mía que solía ser tan optimista.

Las relaciones se redujeron a intentos de maniobrar con lo que temía de ellas en lugar de disfrutar lo que amaba de ellas. La risa me parecía falsa. La diversión me parecía negligente. Y las imperfecciones de las personas eran como luces de neón que gritaban que esas personas eran solo otra posibilidad de alto riesgo para que me hirieran una vez más. Los incidentes diarios parecían lo peor de lo peor. Las pequeñas contrariedades parecían un caos emocional. Y las pérdidas grandes y pequeñas eran como ataques mortales.

Me invadió una pesadumbre que no podía explicar o precisar exactamente. No estoy segura de cómo describirla de manera adecuada. Lo único que puedo asegurar es que en días diferentes aparecía sigilosamente ante disímiles personas que parecían mantenerme viva y destrozarme simultáneamente.

El *cinismo* se vistió como un guardia de seguridad, haciéndome creer que si mantenía bajas expectativas, eso me protegería y me evitaría más dolor. Sin embargo, en realidad era un ladrón disfrazado que intentaba robar toda cercanía entre las personas amadas y yo. Y, lo que es peor, robaba la intimidad auténtica entre Dios y yo.

La *amargura* se disfrazó como un juez del tribunal supremo, haciéndome creer que debía proteger la evidencia contra todos los que me hirieron para poder declarar y reafirmar mi caso irrefutable; y escuchar el veredicto de «culpable» para ellos. No obstante, en realidad fue una sanción de aislamiento con el objetivo de privar a mi alma de relaciones que dan vida.

El *resentimiento* se envolvió en una bandera que tenía impresa la palabra *vindicación*, haciéndome creer que la única forma de liberarme de mi dolor era asegurarme de que quienes lo causaron sufrieran tanto como yo. Sin embargo, en realidad era una trampa disfrazada, con dientes de puñal que se clavaban en mí de manera cada vez más profunda, y me mantenían torturada y, lo que es peor, incapaz de seguir adelante.

La *dilación* apareció sigilosamente como un acomodador de cine, ofreciendo palomitas de maíz y una silla cómoda hecha de mi pesar y tristeza, haciéndome creer que era correcto permanecer allí, y reproducir una y otra vez películas viejas de lo que sucedió. Y al hacer esto, algún día entendería por qué sucedió todo. No obstante, en realidad estaba en una cámara de tortura, y con cada repetición solo aumentaba el dolor, pero nunca brindaba las respuestas que yo seguía creyendo que llegarían.

Por último, los *problemas de confianza* se disfrazaron de investigadores privados en misiones secretas, haciéndome creer que me ayudarían a atrapar a todos los que querían lastimarme y a demostrar que nadie era realmente honesto. En realidad, los problemas de confianza eran gases tóxicos que, en lugar de mantener a raya a los pocos en los que no se podía confiar, estrangulaban a todos aquellos que se acercaban a mí.

Estos fueron los soldados de la falta de perdón que libraron una guerra contra mí.

Estos son los soldados de la falta de perdón que en este momento libran una guerra contra cada persona que sufre.

Soy un alma que le gusta el concepto del perdón... hasta que me convierto en un alma herida que deja de gustarle.

Entonces, parecería extraño que sea yo quien escriba las palabras de este libro. Pero si esto me resultara fácil, si no luchara con el perdón, no estoy segura de que el libro se escribiera con la angustia que un mensaje como este merece.

Si lo dejo a merced de mi propio estado de heridas profundas, el perdón puede parecer ofensivo, imposible y una de las formas más rápidas de intensificar la injusticia de ser agraviado. Yo clamo por justicia. Quiero bendiciones para aquellos que siguen las reglas de la vida y del amor; pero deseo corrección para aquellos que las quebrantan.

¿Es esto mucho pedir?

Y es ese lugar exacto donde me gusta estacionar, agobiarme, concentrarme en los errores de todos los demás, y agrupar a aquellos que están de acuerdo conmigo para que se unan y me ayuden aún más a justificar que me quede allí.

Sin embargo, es como aquella vez cuando estaba en la universidad y me quedé en el estacionamiento de un hermoso lugar vacacional solo para probar que yo tenía razón. En camino a ese lugar recibí una pequeña ofensa de parte de mis amigos. Cuando llegamos a nuestro destino, todos salieron desenfrenadamente del auto, brincaron por la cerca de entrada y pasaron horas haciendo juegos divertidos en la playa; saltaron en las refrescantes olas, tuvieron un pícnic y crearon recuerdos increíbles juntos. Todo ese tiempo, yo me lo pasé caminando por el estacionamiento con zancadas de vigilante, bajo el sofocante calor, dejando que mi ira se intensificara con cada hora que pasaba.

Me fascinó la idea de darles una lección a mis amigos mediante esta protesta en solitario. Pero, al final, yo fui la única perjudicada en esto. Fui la única que se lo perdió. Fui la única que se quedó con hambre. Mis malas acciones fueron las únicas de las que se habló ese día. Y luego fui yo quien regresó a casa en silencio, consciente de que nadie aparte de mí había sido castigado por mis decisiones.

Aquel día los soldados de la falta de perdón gritaron de emoción por su victoria. Y yo no fui más que otra alma solitaria que lloró hasta quedarse dormida, con un sentimiento de vergüenza y derrota. El único recuerdo que tuve ese día fue un recuerdo amargo.

Ese fue un día tonto con un agravio bastante insignificante que me hizo perder por completo la compostura. Por favor, quiero que sepas que reconozco de manera absoluta que gran parte del dolor que tú y yo hemos padecido es mucho más grave, más complicado y más devastador que ese día en la playa. Pero ese estacionamiento es una buena imagen de lo que aferrarnos a las ofensas puede hacernos, y hacia donde los soldados crueles de la falta de perdón siempre nos llevarán: al aislamiento… a la oscuridad emocional de las relaciones rotas… a la oscuridad espiritual colmada de vergüenza… y a una perspectiva oscurecida donde no podemos ver la belleza que nos espera justo más allá del estacionamiento.

¿Y si hubiera podido dejar el agravio y seguir adelante ese día en la playa? ¿Y si pudiera hacer eso ahora?

Lo que deseo para ti y para mí es esa capacidad de volver a ver la belleza. El perdón es el arma. Nuestras opciones para seguir adelante son el campo de batalla. Seguir adelante es la travesía. Ser liberado de ese sentimiento de pesadumbre es la recompensa. Recuperar la posibilidad de la confianza y la cercanía es la dulce victoria. Y caminar confiadamente con el Señor desde el dolor hasta la sanidad es la libertad que nos espera.

De eso se trata este libro. Es una travesía donde descubrirás nuevas maneras, maneras saludables y útiles, de procesar tu dolor.

Ahora déjame asegurarte lo que este libro no es.

No es un mensaje que minimice lo que has pasado o que desdeñe la angustia por la que has derramado un millón de lágrimas. No es un mensaje que justifique el abuso, el abandono o las aventuras amorosas que están mal, sin importar cómo los demás las hayan acomodado o enmarcado. No es un mensaje que se niega a reconocer lo poderosos que son los sentimientos y lo impotente que puedes sentirte cuando el dolor te anega, los recuerdos se desencadenan, o te ignoran aquellos que se supone que te quieren o te echan a un lado aquellos que deberían haberte protegido.

Este no es un mensaje que exija que justifiques los crímenes más crueles y horribles cometidos contra ti o tus seres queridos.

Tampoco asentirá respecto al perdón exigiendo que todas las relaciones funcionen con todas las personas; a veces eso no es posible ni seguro. De hecho, en estas páginas, realizaremos el trabajo de desenredar las ideas erróneamente entrelazadas de perdón y reconciliación.

Y este mensaje definitivamente no es algo que se te sermoneará con dedos y tonos acusatorios. Yo no puedo absorber esos mensajes, así que estoy segura de que no voy a trasmitir algo así. Pero si bien nuestro mensaje ofrecerá camiones repletos de gracia, también está alimentado con la verdad de Dios. Después de todo, la gracia nos da la seguridad de que es lo suficientemente segura como para suavizar nuestros corazones temerosos, pero es la verdad la que nos hará libres (Juan 8:32). La gracia y la verdad marchan juntas a lo largo de la Escritura (Juan 1:14, 17). Si yo te ofreciera gracia solamente, te estaría privando de lo que realmente se necesita para sanar. Si bien la verdad a veces es difícil de escuchar, Dios nos la da porque sabe lo que nuestros corazones y almas realmente necesitan. Es Su verdad la que nos hace libres.

El perdón es posible, pero no siempre parecerá ser posible.

El perdón a menudo parece ser una de las instrucciones más exasperantes del Señor.

Es una palabra de doble filo, ¿no es así?

Es difícil de otorgar. Es asombroso conseguirlo. Pero cuando lo recibimos libremente del Señor y nos negamos a otorgarlo, algo pesado comienza a formarse en nuestras almas.

Es el peso del perdón que no se le permitió salir. Y para mí, eso se debe sobre todo a que he malinterpretado algo increíblemente profundo sobre el perdón.

Perdonar no es algo difícil que tenemos la opción de hacer o no hacer. El perdón es algo conseguido de manera sumamente ardua en el que tenemos la oportunidad de participar. Nuestra parte en el perdón no consiste en un acto de desesperación en el que tenemos que esforzarnos con los dientes apretados y los puños cerrados. No es luchar contra la irritación y forcejear contra la indignación. No es sollozar mientras resistimos con todas nuestras justificaciones para permanecer enojados, heridos y horrorizados por todo lo que nos hicieron.

Esto es lo que yo antes pensaba.

Pero cuando pienso erróneamente que el perdón aumenta y decrece según todos mis esfuerzos, del valor reunido, la madurez lograda, la resistencia dominante y los sentimientos afables que parecen reales en un momento y falsos al siguiente, nunca podré brindar el tipo de perdón auténtico que Jesús me ha dado.

Mi capacidad para perdonar a otros aumenta y disminuye, en cambio debo apoyarme en lo que Jesús ya ha hecho, lo que permite que Su gracia *para mí* fluya libremente *a través de mí* (Efesios 4:7).

El perdón no es un acto de mi determinación.

El perdón solo es posible por mi cooperación.

La cooperación es lo que me ha estado faltando.

El perdón no es un acto de mi determinación. El perdón solo es posible por mi cooperación.

Dios sabía que no podíamos lograrlo solos. Lo sabía muy bien, desde el momento en que el crujido del fruto prohibido se convirtió en el primer sonido del pecado. Y luego llegó el silbido de las acusaciones del enemigo y las pisadas de un hombre y una mujer aterrorizados. Adán y Eva corrieron hacia la oscuridad mientras la culpa y la vergüenza reverberaban con ecos que todavía hoy escuchamos salir de nuestras bocas. Entonces, se escondieron.

Tan pronto como eligieron el pecado, prefirieron el cobijo de la oscuridad.

Y por favor, sé paciente mientras escribo las siguientes palabras. Yo no corro y me escondo en la oscuridad solamente cuando hago algo malo, sino también cuando hago todo lo contrario de lo que debería hacer en reacción a alguien que peca contra mí, me perjudica, me hiere o incluso me incomoda. Mi primera inclinación la mayor parte del tiempo no es bendecirlos, ni ser paciente con ellos, ni ser todo lo que me dice Romanos 12 y darles una buena comida y un batido de chocolate.

No.

Mi primera inclinación es hacer todo lo que tanto critico en ellos. Dejo que mis justificaciones para tomar represalias me seduzcan, y me aseguro de herirlos de la manera que ellos hicieron conmigo. Y cuando elijo el pecado, entonces prefiero el cobijo de la oscuridad. Pero no te confundas… no es solo lo que me cobija. También es lo que se cierne sobre mí con esa pesadumbre exasperante.

Los corazones humanos son muy propensos a querer ocultar las cosas. Todos tenemos ese lugar oscuro al que corremos en lugar de arriesgar lo que puede salir a la luz. Queremos libertad, pero nos resistimos a sencillamente hacer lo que Dios indica que hagamos.

Dios sabía todo esto.

Entonces Él preparó un camino que no depende de nuestras fuerzas. Un camino de perdón. Un camino en el que agarramos los brazos extendidos de Jesús, ensangrentados por la crucifixión, y goteando redención. Él cubre y perdona lo que nosotros solo hemos podido ocultar. Perdona lo que nunca podríamos ser lo suficientemente buenos para hacerlo de manera correcta. Y nos prepara un camino para sencillamente cooperar con Su obra de perdón; para que lo recibamos y para que lo otorguemos.

Yo creo con todo el corazón, que el perdón recibido y otorgado es lo que abre este mundo en dos y muestra la revelación más sorprendente de la realidad de Jesús; más que casi cualquier otra cosa.

Pero por favor nunca confundas la redención con la reunión. Para lograr una reunión, o reconciliación, hacen falta dos personas que estén dispuestas a hacer la ardua labor de volver a juntarse. La redención es solo entre tú y Dios. Dios puede redimir tu vida, incluso si las relaciones humanas dañadas no se vuelven a unir.

Y tú y yo podemos perdonar, incluso si la relación nunca se restablece. Perdonar es increíblemente liberador y no tiene que esperar por otras personas que quieran o no, o estén dispuestas o no a discutir detenidamente todo esto. El perdón no siempre tiene que ver con hacer algo por una relación humana, sino más bien con ser obediente a lo que Dios nos ha ordenado que hagamos.

Aquellos que cooperan más plenamente con el perdón son los que bailan con más libertad en la belleza de la redención.

¿Y qué es exactamente esta redención bella? Es aceptar el intercambio que Dios está ofreciendo.

A LO QUE RENUNCIAS: al derecho a exigir que quien te hirió pague o sufra por lo que hizo. Dios se encargará de esto; e incluso si nunca ves cómo Dios lo hace, sabes que Él lo hará.

LO QUE OBTIENES: la libertad de seguir adelante.

El escenario para tu vida no debería ser el pozo de dolor al que esa persona te arrastró. Hay mucho más que ver, descubrir y experimentar. Deja de ahondar con tus manos dentro de ese pozo fangoso, como si allí hubiera alguna recompensa enterrada. No la hay. Toma la mano de Dios y, a medida que palabras perdonadoras salen de tus labios, es como si esparcieras semillas de hermosas flores. El lodo del pozo se convierte en un suelo fértil con potencial. Y en poco tiempo estarás bailando entre todo lo que ha florecido y prosperado a tu alrededor.

Por un tiempo, aún puede haber lágrimas que vienen y van. Está bien. Liberarse de la falta de perdón no significa una sanidad instantánea para todas las emociones implicadas. Pero sí significa que esas emociones al final se convertirán en compasión en lugar de amargura.

Verás... los que cooperan más plenamente con el perdón son los que bailan con más libertad en la belleza de la redención.

Dejaré que esa declaración se quede ahí mismo, sin pedir que hagas nada.

Por supuesto que no pretendo decirte que debes superar rápidamente todo lo que has pasado y seguir adelante. Las emociones profundas nos llegan deprisa, pero no se van igual de rápido.

Esto lleva su tiempo. Eso es exactamente lo que deseo brindarte a medida que nos movemos poco a poco a través de este mensaje. Antes de recorrer los pasos del perdón, primero vamos a procesar nuestros mecanismos de afrontamiento, y las razones por las que resistimos el perdón. Y, lo que es más importante aún, tomaremos la decisión de que sobreviviremos a todo esto al quitarles el poder a aquellos que nos hirieron. Nuestra sanidad no puede aumentar ni disminuir según los esfuerzos de ellos, especialmente si no pueden o no quieren cambiar. Sí, esto llevará tiempo, pero puede suceder.

Y el avance hacia el perdón requerirá también de otros componentes importantes.

Los que cooperan
más plenamente
con el

PERDÓN

son los que bailan
con más libertad
en la belleza de la

REDENCIÓN.

Se necesita entendimiento. Esa es la razón por la que estoy compartiendo las realidades crudas y hermosas de mi propio dolor profundo.

Se necesita perspectiva. Y eso es lo que te daré sobre la base de mi estudio de la Palabra de Dios, mi propio reconocimiento de la resistencia que hago, y mi progreso imperfecto.

Se necesita intervención divina. Eso es exactamente lo que Dios te proporcionará a un nivel profundo y personal, no a través de mis palabras, sino de las Suyas, entretejidas por todo este libro.

Y, por último, se necesitará apertura. Esa es la invitación. No te estoy exigiendo esto, sino que te ofrezco un lugar en esta discusión para que tus propias revelaciones de parte de Dios surjan suave y bellamente. Y la mejor parte es… que podemos hacerlo juntos.

BIENVENIDO A
LA

CAPÍTULO 2

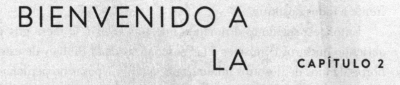

ESCRIBÍ ESTE MENSAJE SENTADA frente a una mesa de madera gris. Muchos días estuve yo sola, mi computadora, mis lágrimas, mi Biblia y mis propias luchas con el perdón. Otros días invité a amigos con los que trabajo, y cada uno trajo sus propias experiencias de vida a través de las cuales procesaríamos este mensaje.

Ese es el asunto de escribir un libro complicado, maravilloso; y difícil algunos días. La vida no se detiene para un mensaje. Durante el proceso mismo de escribir, suceden cosas nuevas que me obligan a plantearme la pregunta: «¿Funciona este mensaje realmente en medio de la vida cotidiana? ¿En esto nuevo y difícil que está sucediendo?». La vida sigue ofreciendo oportunidades para perdonar frente a todos nosotros.

Entonces, seguimos arrimando nuestras sillas a la mesa gris y abriendo nuestros corazones a las enseñanzas de la Biblia y de este libro. Algunos de nosotros miramos hacia atrás, a cosas no perdonadas en nuestro pasado, que nos estaban afectando en la actualidad más de lo que nos habíamos atrevido a admitir antes. Otros realmente no tenían cosas difíciles y épicas, pero cualquier cosa dolorosa que llega una y otra vez a nuestros pensamientos vale la pena abordarla. A veces las cosas sencillamente se acumulan. Una situación hiriente aquí. Una conversación dolorosa allí. Y luego, algunos de nosotros tuvimos heridas más definidas ocurridas en tiempo real.

Una mujer de nuestro grupo tuvo un exnovio que se comprometió con otra. Nuestra amiga pensó que cuando aquella relación terminó de manera tan súbita, ella había bregado con la muerte de sus sueños. Su vida siguió adelante. Pero aquel compromiso despertó sentimientos heridos que aún no han sido perdonados.

Un hombre de nuestro grupo tenía una amistad de toda una vida que comenzó a desmoronarse debido a las decisiones que su amigo estaba tomando, y que no tenían ningún sentido. Era necesario trazar límites. Las conversaciones difíciles se convirtieron en silencio, que a su vez se convirtió en la realidad ensordecedora del final de una amistad.

Otra persona de nuestro grupo no tenía idea de que este mensaje era la preparación para la situación más horrible que su familia enfrentaría. Justo antes de que yo terminara el manuscrito, recibió una llamada de que su prima —en edad universitaria— había sido asesinada. La próxima vez que juntamos las sillas alrededor de la mesa gris, él acababa de llegar a casa del servicio conmemorativo donde habían puesto una presentación de diapositivas de ella sonriendo y riendo y simplemente siendo la persona encantadora y hermosa que fue. «¿Cómo rayos podía suceder algo así? Mi familia y yo estamos conmocionados».

Entonces, cada uno de nosotros lidió con nuestras propias interrogantes sobre el perdón en medio de las experiencias crudas, tristes y desesperadas que trajimos a la mesa. Y, aunque no lo sabías, siempre teníamos una silla extra para ti.

Aquí, tus preguntas están seguras. Tu congoja se sostiene con ternura. Tus pensamientos no necesitan ser editados. La necesidad que tu alma tiene de escuchar la verdad será atendida. Y tu resistencia se entiende. Amigo, bienvenido a la mesa gris.

Yo sé, por experiencia propia, que cuando uno ha sido herido muy profundamente, el perdón parece ser un mandamiento demasiado cruel para siquiera considerarlo. O bien, es una teoría espiritual en la que podrías pensar un día después de que haya transcurrido mucho más tiempo. O bien, es un tema que has estado evitando y no te interesa abordar.

Entiendo todo eso. De verdad lo comprendo. Creo que si me invitaran a esta mesa, yo tendría una versión combinada de todo eso.

Hubo etapas en mi vida cuando yo, personalmente, reaccioné de maneras diferentes a la mención de la palabra *perdón*. Cautela. Derrota. Enfado. Dolor. Timidez. Frustración. Confusión. Por eso quiero garantizarte algo de vital importancia.

Sé lo que es mirar alrededor de una habitación, con los ojos brillantes de dolor y sentirse muy solo. Amigo, no estás solo aquí. Y a medida que luches a través de este mensaje, tú no serás juzgado.

No deseo que alguien que no pueda entender cuán profundamente me han dañado el corazón me dé órdenes como si el perdón debiera ser más fácil. Como tampoco quiero que alguien me avergüence por dudar tanto o, peor aún, que intente cargarme el cerebro con una enseñanza que simplemente no estoy lista para escuchar.

Para mí escribir este mensaje no ha sido fácil. He tenido que luchar, y me he sentido derrotada.

En toda la investigación que he realizado sobre el perdón, he encontrado muchos sentimientos legítimos que alimentan la resistencia que nos mantiene a muchos alejados. Revisa cuál de estos se aplica a tu caso:

- Temo que el agravio se repetirá.
- Guardar rencor me da una sensación de control en una situación que parece sumamente injusta.
- El dolor que experimenté alteró mi vida y, sin embargo, nadie ha reconocido que lo que pasé estuvo mal.
- El perdón parece restarle importancia a lo que sucedió, minimizarlo o, lo que es peor, hace que no sea gran cosa.
- No puedo perdonar cuando todavía me siento sumamente hostil hacia quien me dañó.
- No estoy listo para perdonar.
- Todavía me siento herido.
- No se han disculpado, ni siquiera han reconocido que lo que hicieron estuvo mal.

- Restablecer la relación con esta persona no es posible ni seguro. Además, ni siquiera es razonable que yo tenga una conversación con la persona que me dañó.
- Todavía estoy en medio de una situación larga y difícil sin solución por el momento.
- Me temo que el perdón les dará falsas esperanzas de que deseo restablecer la relación, pero realmente no quiero.
- Es más fácil ignorar a esta persona por completo que tratar de encontrar los límites para que no me siga haciendo daño.
- Lo que hicieron ya no se puede cambiar; por lo tanto, el perdón no ayudará en nada.
- La persona que me lastimó ya no está aquí. No puedo perdonar a alguien con quien no puedo hablar.
- No creo que el perdón produzca ningún beneficio ahora.

Cuando tu corazón ha sido hecho pedazos y remodelado en algo que todavía no se siente normal dentro de tu propio pecho, el perdón parece algo irreal.

Al principio, señalamos que es demasiado pronto.

Y luego pasan los años, y decimos que es demasiado tarde.

Yo sabía que como cristiana debía perdonar. Incluso es posible que haya susurrado una débil oración usando la palabra *perdón*. ¿Pero entendía realmente cómo perdonar? No estaba segura ¿Y no es extraño que, aunque el perdón es una parte importante de la fe cristiana, a la mayoría de nosotros nunca se nos ha enseñado mucho al respecto?

Sabemos que Dios nos manda que lo hagamos. ¿Pero cómo? ¿Por qué? ¿Cuándo? Y, ¿hay excepciones?

Luego de más de mil horas de estudio bíblico sobre este tema, no puedo afirmar que todas mis preguntas hayan sido respondidas; ni tampoco prometer que esto sea fácil. Sin embargo, puedo afirmar que la Biblia ofrece la verdad sobre el perdón que nuestras almas necesitan desesperadamente. Y, lo mejor de todo, Dios mismo modeló cómo hacerlo, incluso cuando parece tan imposible.

La Palabra de Dios ofrece perdón con la piel puesta. Jesús, quien vivió sin pecado, en absoluta divinidad y humanidad plena, fue castigado y rechazado, golpeado y humillado, escupido y devaluado en todos los sentidos. Él lo soportó todo para que nosotros nunca tengamos que soportar un minuto de nuestro sufrimiento en soledad.

Él vino por nosotros con el perdón latiendo a través de la misma sangre que un día derramaría. No permitiría que el perdón fuera echado a un lado con justificaciones humanas. Porque en el mismo momento en que creemos que hemos llegado al límite del perdón, Jesús lo destruye con Su multiplicación (setenta veces siete) y Su declaración de que no debemos abrigar la falta de perdón cuando Dios mismo nos ha perdonado.

El perdón es un mandamiento; pero no es cruel. Es la misericordia divina de Dios para los corazones humanos que son tan propensos a convertir el dolor en odio.

¿Y qué hay de ese dicho, perdona y olvida? En realidad eso no está en la Biblia. Tú puedes perdonar incluso si no puedes olvidar. Se nos indica que nos despojemos lo que está detrás de nosotros para que podamos seguir adelante sin el peso de la amargura, el resentimiento, la ira y la falta de perdón. ¿Pero olvidar? El único lugar en que se menciona en la Biblia está relacionado con el perdón de Dios de nuestros pecados: «Pues tendré misericordia de sus iniquidades, y nunca más me acordaré de sus pecados» (Hebreos 8:12, NBLA).

Además, puedes suspirar de alivio al saber que no debemos tolerar el abuso. Y si bien la gracia ilimitada de Dios ofrece un camino para que todos sean perdonados, la verdad de Dios ofrece parámetros apropiados para poder afrontar el comportamiento incorrecto. Y los límites se pueden establecer con cantidades similares de misericordia y amor duro.

Yo he examinado de manera imparcial el dolor profundo, cuando las incuestionables heridas parecen imposibles de perdonar. He luchado contra la injusticia. He puesto el perdón al derecho y al revés, para examinarlo desde una perspectiva teológica, moral, ética, relacional, racional y, quizás lo mejor de todo, a través de las acciones irracionales pero infinitamente bellas de Jesús.

Debemos considerar ciertas complejidades. De ninguna manera podemos poner el perdón como algo sencillo, cuando se supone que se aplica a casos que abarcan el rango del agravio, que va desde causar una molestia hasta un asesinato brutal. El costo de uno es sumamente insignificante en comparación con la magnitud del otro. Sin embargo, la invitación a cooperar con el perdón de Dios se extiende a través de ambos.

Sí, las consecuencias permanecen ligadas a la gravedad del pecado. Y la misericordia de Dios no se presenta carente de Su justicia. Pero el mandamiento a que perdonemos se escucha demasiado claro como para evitarlo o rechazarlo.

Sin embargo, quiero que sepas que, como un alma que se ha resistido a ver el perdón como algo posible (mientras lloraba en mi propio sufrimiento), no digo nada de esto a la ligera. No te avergonzaré por tus luchas, ni te culparé por tu escepticismo.

Una de las formas en que aprendí a reconocer lo que me impedía ser sanada fue a permitir que una consejera me hablara de lo que ella me veía hacer frente a todo el dolor que experimentaba.

Yo participaba en una terapia grupal donde honestamente me sentía bastante bien en cuanto al progreso que había estado logrando. Todos allí parecían tener un sinnúmero de cosas a las que recurrían cuando sentían que su dolor era imposible de controlar. Las drogas y la bebida eran las opciones más comunes. Pero también se mencionaron Netflix y las relaciones sexuales fortuitas. Y allí estaba yo sentada con mi Biblia en mi regazo. Mi consejera debe haber captado mi sobrevaloración de lo bien que me iba.

«Lysa, hablemos de tu mecanismo de afrontamiento».

Sonreí, porque yo estaba plenamente confiada de que en esta ronda de terapia no me pedirían participar.

Ella no pensaba lo mismo. Al contrario, afirmó: «tú estás superespiritualizando lo que has pasado hasta el punto en que, en lugar de lidiar con tu dolor, estás negando tus sentimientos».

Ay. No escapé en esta ronda. Quería clavarle la mirada y sacarla de la habitación. Pero honestamente, ella tenía razón. Su declaración desnudó todos mis fingimientos, presunciones, positivismo y simulaciones.

Finalmente, tuve que preguntarme lo siguiente: ¿estoy procesando la vida a través de la lente de la forma en que quiero que sean las cosas, o de la forma en que realmente son?

Los mecanismos de afrontamiento, como ser demasiado positivo o súper espiritual o utilizar sustancias para adormecernos, pueden ayudarnos a corto plazo. Pero a la larga no nos ayudan a enfrentarlo; nos mantienen atrapados en el punto de nuestro dolor no curado. En algún momento debemos dejar de:

- Repetir en nuestras mentes lo que sucedió una y otra vez.
- Tomar lo que en realidad fue terrible en el pasado y engañarnos hasta creer que fue mejor de lo que fue.
- Imaginar tanto la forma en que las cosas deberían ser hasta no poder reconocer lo que es.

No podemos vivir en una realidad alternativa y esperar una mejoría de lo que está frente a nosotros. Solo podemos sanar lo que estamos dispuestos a reconocer que es real.

Lo que he pasado en mi vida me ha afectado profundamente. Y aunque soy muy buena decorando las palabras que he usado para asegurarles a los que me rodean que soy buena, e incluso convencerme a mí misma de que soy mejor de lo que soy, creo que es hora de echar a un lado las decoraciones y lidiar con lo que realmente está ahí.

Estoy a la vez aterrorizada por la versión esencial de mi realidad y un poco intrigada por la naturaleza despejada de poder ver lo que realmente está allí. Entonces, puedo evaluar mejor en qué estado me encuentro realmente y decidir con gran intencionalidad qué partes de mi corazón aún necesitan sanidad antes de poder seguir en verdad hacia adelante.

Entonces, mi consejera señaló sabiamente algunas declaraciones superespirituales que yo hice para dar la impresión de que mi corazón estaba más sanado de lo que realmente estaba:

- Estoy bien. Estoy bien. Acabo de decidir seguir adelante.
- Al alejarse de mí, fue él quien salió perdiendo.
- Al final, Dios lo arreglará todo.
- Como cristiana, sé que debo perdonar, así que lo hice.
- Lo que está en el pasado quedó en el pasado. Solo camino hacia adelante. No es nada del otro mundo.
- Hay mucho por lo que estar agradecida, así que solo elijo estar agradecida.
- ¿Quién tiene el tiempo o la energía para desentrañar por qué sucedió esto y cómo me afectó? Sigamos adelante.
- Soy lo suficientemente madura como para afirmar: «Así es la vida» y hay que superarlo.

Quizás estés pensando: *Espera un minuto… esas declaraciones no son malas*. Estoy de acuerdo, a menos que las estés usando y te *mantengan* atrapado en un mal lugar. Poner un rostro sonriente mientras que por dentro estás lleno de dolor no sanado es una trampa para una explosión más adelante.

A veces parece más fácil negar mi dolor que hacer el trabajo arduo de lidiar y sanar lo que realmente está allí. C. S. Lewis escribió: «Todo el mundo dice que el perdón es una idea encantadora, hasta que tienen algo que perdonar».[1]

Ya sea que sientas que el dolor te agobia y te identifiques con la lista de sentimientos de resistencia se describe al comienzo de este capítulo, o que niegues tu dolor como en la lista anterior, permíteme asegurarte algo: el perdón es posible. Y es bueno. Tu corazón es un lugar demasiado hermoso para el dolor no sanado. Tu alma es demasiado merecedora de libertad para permanecer atrapada aquí.

El perdón no significa añadir a tu dolor una miseria demasiado grande a soportar. Es cambiar el resentimiento encadenado por una libertad que da vida, y de esta forma hacemos que el misterio de las obras de Dios sea algo demasiado grande como para negarlo.

En el mundo lo normal es ver gente que se mueve en la carne. Es de esperar que la amabilidad sea compensada con amabilidad. Y nadie se sorprende cuando la ira es compensada con ira. Lo vemos todos los días.

Parece ser que si estamos vivos, también tenemos historias de cuando las decisiones de otras personas nos han dañado, herido, agraviado y destrozado el corazón. Una herida no sanada a menudo se convierte en una herida desatada que es lanzada a otros. Es muy normal estar muy ofendido.

Incluso los cristianos. Incluso en las iglesias. Incluso con amigos que solían orar juntos. E incluso con familias que tienen Biblias en todas las habitaciones de su casa.

E incluso conmigo. Cuando el dolor es algo profundamente personal, es difícil que mis reacciones se mantengan siendo bíblicas. Cuando a una herida le sigue otra, no es difícil a la larga echarlo todo a un lado.

Pero también puedo decirte algo que he visto con mis propios ojos, y que es más asombroso de lo que pudiera expresar a través de letras pixeladas en una página impresa.

Cuando alguien, por el poder del Espíritu de Dios, vence la resistencia de la carne y el arrastre de la falta de perdón, es impactante.

Es uno de los momentos más inauditos en la vida de todos los que observan.

Es cuando puedes ver con tus ojos físicos una evidencia del Espíritu de Dios tan tangible como si pudieras tocarlo. Es un momento que nadie olvida.

Una herida

NO SANADA

a menudo se

convierte en una

herida

DESATADA

que es lanzada a

OTROS.

Cuando este mundo —tan saturado de carne que se resiente de carne, corazones que odian corazones, puños que golpean puños, orgullo que se levanta contra orgullo— de repente ve a alguien que deja caer su espada y se atreve a susurrar: «Te perdono»… TODO SE DETIENE.

En la fracción de segundo que dura esa declaración, se detiene el mal, el cielo toca la tierra y la evidencia más rica de la verdad del evangelio reverbera no solo ese día, sino también para las generaciones venideras. Si bien la salvación es lo que lleva a la carne de un ser humano a una alineación perfecta con el Espíritu de Dios, el perdón es la mayor evidencia de que la Verdad de Dios vive en nosotros.

Y nadie que vea esto puede alejarse sin ser impactado.

Estoy muy contenta de haberte reservado un asiento en esta mesa.

¿ACASO SE PUEDE
PUEDE
sobrevivir
A ESTO?

CAPÍTULO 3

El perdón es una gracia compleja que hace menos complejo ese dolor que me ciega, y me ayuda a volver a ver la belleza.

Esto lo escribí en mi diario aquella mañana, al sentirme muy esperanzada con mi avance. Me sentía alivianada, que estaba en lo correcto. ¡Me sentía estupenda! Hasta esa tarde.

Cuando hubo un detonante.

Como dije antes, parte de mi historia consiste en un matrimonio gravemente magullado. Las heridas se están curando, pero dentro de mí hay áreas que todavía son tan sensibles, tan llenas de nervios recién expuestos, que incluso el más mínimo contacto puede hacerme reaccionar y retroceder.

Al igual que un diente que se ha fisurado tanto que sus nervios han quedado expuestos; incluso la respiración duele. El líquido frío que solía ser refrescante, ahora es una puñalada. Masticar es absolutamente imposible. Y estoy constantemente consciente de que si no me protejo existe la posibilidad de sufrir un dolor intenso. Pero, inevitablemente, lo olvidaré. Y en un momento que esté desprevenida, pagaré por bajar la guardia.

Los nervios expuestos son complicados con los dientes y con las almas, y casi imposible de proteger en todo momento.

Entonces, cuando hubo un detonador y ese dolor atroz y no resuelto se removió, de mi boca salió una cadena de palabras venenosas. Y en menos tiempo del necesario para chasquear los dedos, yo estaba arruinada. Enferma. Deshecha. Todo el «avance» que pensé haber logrado parecía una farsa.

El perdón es una gracia sumamente compleja, eso es seguro. Pero ¿cómo rayos hace menos complejo ese dolor que me ciega de modo que pueda volver a ver la belleza? A veces las palabras suenan tan posibles hasta que vivirlas parece imposible. Tonta retórica.

Excepto que no sea así. Lo escribí porque realmente lo había experimentado. Entonces, ¿por qué me resultaba tan difícil vivirlo en ese momento?

Una pesadumbre exasperante regresó.

Y me sentí más traicionada que nunca por aquellos que me habían dañado. Quería arrancar esas palabras de perdón de mi diario, y al mismo tiempo pronunciar cosas que no encontrarás en la Biblia. Un grito atravesó las cavidades de mi corazón. Y por mucho que deseaba mantenerlo adentro, no podía. Entonces sentí el deseo abrumador de golpear algo. Duro. Muy muy duro. La puerta principal parecía la opción más clara. La abrí bruscamente y la cerré de un golpe mientras gritaba. Mientras agitaba los brazos. Le di rienda suelta a todo. No retuve nada. Hasta que vi un movimiento a través del cristal de la puerta que milagrosamente no se hizo añicos en mi diatriba de repetidos portazos.

Una muchacha mensajera estaba parada en los escalones de mi casa observándolo todo. Ella estaba afuera mirando fijamente. Intentaba entregarme un paquete; pero retrocedía con cada golpe alocado.

Yo me encontraba adentro mirando fijamente hacia afuera. Me sorprendió que mi diatriba privada no fuera tan privada. Y era evidente que ninguna de las dos sabía qué hacer.

Al final, ella simplemente colocó el paquete en los escalones frente a la puerta y se alejó. Yo quise seguirla. Explicarle. Pedirle disculpas. Ofrecerle unas galletitas. Algo. ¿Pero quién quiere comer unas galletitas hechas por una mujer arrebatada? En cambio, solo la observé subir a la camioneta y alejarse.

Desearía poder señalar que me recuperé después de eso. Pero no fue así. Dejé que las emociones desencadenadas se asentaran y se convirtieran en mal humor por el resto del día. Y todas las personas cercanas a mí, y que no merecían recibir lo peor de mi caos, sintieron la condición completamente agitada de mi corazón.

Ahora yo no era solo la que estaba herida. Ahora yo era la que hería a los demás. Y eso es lo que me dejó ardiendo con la más dolorosa de todas las mentiras anclada a mi alma: *Me hicieron esto. Me hicieron sentir de esta manera. Me hicieron actuar de esta manera. Han escrito en mi vida un guion de tristeza horrible del que nunca escaparé, del que nunca sanaré realmente, y que nunca podré perdonar.*

Cuando otra persona te ha herido profundamente, es natural que te horrorices por su total falta de humanidad. Es comprensible desear que tu vida nunca se hubiera cruzado con la de ellos, y asumir que el infierno con el que ahora estás obligado a vivir está directamente relacionado con una decisión que *ellos* tomaron y que nunca se puede deshacer; y sentirte perseguido por una versión sombra del infractor que causó esto, y casi sentir como que te están siguiendo mientras repites en tu mente su cruel acto una y otra vez, y otra vez; y sentirte cambiado para siempre en formas que no quieres ser.

Si ellos nunca hubieran tomado las decisiones que tomaron, seguramente tú no estarías aquí. Yo no estaría aquí. Así, de esta manera. Agitándome, gritando, asustando a la mensajera. Y preguntándome: *¿Se puede sobrevivir a esto?*

Volví a sacar mi diario. No arranqué la cita sobre el perdón que había escrito. En cambio, escribí una narrativa para anularla.

Todo es tan cruel; y al parecer imposible de superar. He leído los versículos de la Biblia. Conozco de memoria el precepto de Dios: perdona y serás perdonado. Pero no puedo procesar cómo aplicarlo en este momento. Lo he intentado. Pronuncié las palabras de perdón que se suponía que debía pronunciar. Entonces, ¿por qué este tipo de ira todavía da vueltas en mi corazón, se apodera de mis mejores intenciones y sale volando de mi boca? Al parecer, el perdón no funcionó para mí. Así

que por favor no me pidas que perdone como Jesús perdona.
No soy Jesús.

Cerré el diario. Y corrí el riesgo de cerrar mi corazón para siempre a una sanidad verdadera, solo que este mensaje de perdón siguió buscando el camino para llegar a mí. Y supongo que este libro haya llegado a tus manos, y que tú hayas llegado hasta aquí, es evidencia de que este mensaje también quería encontrarte.

Déjame empoderarte antes de rogarte que sigas leyendo.

No te estoy pidiendo que te inscribas para perdonar. Aún no. Yo no pude comenzar allí, así que tampoco te pediré que lo hagas tú. Todo lo que te pido es que estés dispuesto a considerar quitarle el poder a la persona que te hirió.

Yo no puedo quitarte la herida. Pero puedo ayudarte a eliminar el dominio injusto que esa herida ejerce sobre ti. Aquellos que te lastimaron son las últimas personas en el mundo a quienes desearías entregar las riendas de tu vida, así que ahí es donde comenzaremos.

El dolor no resuelto desencadena un caos desenfrenado.

Tal vez lidiar con los detonantes del dolor no resuelto no es algo tan dramático en tu vida como se ha manifestado inesperadamente en la mía. Tal vez tú no chilles, ni grites, ni golpees cosas. Tampoco es algo que yo haga todo el tiempo. A veces, mis detonantes no se manifiestan externamente, sino que se hunden muy profunda e internamente y causan otros tipos de estragos.

De todos modos, si la herida no ha sanado y el perdón no ha brotado, el caos es lo que continuará manifestándose.

Tal vez tu dolor no te ha atado a emociones caóticas. Tal vez se manifiesta en escapes anestesiantes como la pornografía o las píldoras, o en fingir ser perfecto, o maquinar con esa persona que se comunica secretamente contigo a través de Facebook. Tal vez merodee en tu licor, o se manifieste en un dejamiento indiferente o en una falta de conciencia de ti mismo, o al etiquetar a otras personas con todo tipo de negatividad.

Tal vez está hurgando entre las muecas, escabulléndose a través del tratamiento silencioso o manifestándose en manipulaciones y todas las formas de control.

Tal vez solo se esconde detrás de cosas que no son tan fáciles de relacionar con la falta de perdón. Pero el dolor se proyecta. El dolor persigue. La furia nunca se sienta tranquila. Algo está allí infiltrándose y manifestándose.

Por favor, quiero que sepas que no he estado mirando por tu ventana, espiando y esperando para exponer lo que está pasando. Me estoy exponiendo a mí misma. No todos estos problemas son mis problemas. Pero incluso unos pocos son suficientes para decir, *suficiente*. Y confieso que los sentimientos de dolor y el deseo de perdonar no se combinan muy bien en mi corazón. Entonces, comencemos con el dolor.

Una vez que se ha infligido dolor, es imposible no verse afectado. Mientras más nos consuma nuestro dolor, más nos controlará. Esa persona o personas que te lastimaron, que me lastimaron, ya han causado suficiente dolor. Ya se ha causado suficiente daño. Entonces, ¿qué hago con mi dolor? Reconócelo. ¿Y qué necesito hacer con los sentimientos que aparecen como consecuencia del dolor? Apropiarme de ellos para controlarlos. Sí, el dolor me lo causó otra persona, pero los sentimientos resultantes me pertenecen para controlarlos.

Y no puedo controlar sentimientos que no me pertenezcan.

No puedo esperar a que otra persona haga algo que me haga sentir mejor en cuanto a la situación. Si necesito que otra persona haga bien las cosas para entonces avanzar hacia el cambio, es posible que permanezca sin curar durante mucho tiempo. Paralizaré mi progreso en espera de algo que puede o no suceder.

Sí, aquí hay causa y efecto. Esa persona que me lastimó puede ser la causa del dolor; pero no puede ser el que sane mi dolor, ni el que restaure mi vida.

Si la herida no ha

SANADO

y el perdón no ha

BROTADO,

el caos es lo que

seguirá

RONDANDO.

Aquí es donde mi sanidad se vino abajo una y otra vez. La culpa sitúa el poder de cambiar en manos de la persona que me lastimó. Dice, mientras se nieguen a reconocer que lo que han hecho está mal, me siento incapaz de cambiar. O, incluso si llegan a reconocer que lo que hicieron está mal, si ese mal no se corrige, la vida siempre parecerá diferente, lo cual también me hace sentir impotente para cambiar.

Entonces, ¿te atreverías a susurrar conmigo?: *Hoy es el día que eso se acaba.* Dilo conmigo. *Hoy es mi día para acabar con el empeño triste y desesperado de esperar que la otra persona corrija esto, de modo que yo pueda recibir las posibilidades gloriosas y llenas de esperanza de este nuevo día.*

Es en esos empeños desesperados donde tantos se quedan atrapados, enojados y anulan la paz en sus vidas. ¿Pero, posibilidades llenas de esperanza? Ahí es donde comienza el proceso de ver que la sanidad es posible.

Lo que buscamos es lo que veremos. Lo que vemos determina nuestra perspectiva. Y nuestra perspectiva se convierte en nuestra realidad. Yo necesito que el empeño desesperado de reescribir el ayer deje de definir mi realidad. Necesito aceptar lo que sucedió, sin dejar que eso me robe todas mis posibilidades futuras; y aprender a seguir adelante.

¿Recuerdas esas marcas del tiempo? A. C.: antes de la crisis. A. D.: después del año de la devastación. Bueno, descubrí que hay una tercera línea, y esta es E. R.: Esperanza Resucitada.

En realidad, yo desearía que la historia del tiempo se señalara de esa forma. Después de todo, es un reflejo más auténtico de dónde vivimos todos. No 2020 años después de la muerte de Cristo. La realidad es que Jesús estuvo muerto solo tres días, pero Su esperanza resucitada nos ha llevado al futuro.

Lo que necesito buscar es la posibilidad de la esperanza, de modo que esa esperanza sea lo que yo vea. Y cuando empiezo a percibirlo, esa percepción tiene un efecto multiplicador.

> Lo que buscamos es lo que veremos.
> Lo que vemos determina nuestra
> perspectiva. Y nuestra perspectiva
> se convierte en nuestra realidad.

¿Alguna vez te has convencido de que te gusta un cierto tipo de auto y, aunque anteriormente no lo has notado mucho, la próxima vez que sales a conducir, lo buscas? Y cuando lo buscas, ¡ese mismo auto parece estar en todas partes! Ves dos en tu vecindario, otro en el semáforo a tu lado, y luego varios más cuando llegas al estacionamiento. ¿Cómo puede ser que nunca lo hayas notado, y de repente este auto parece estar en todas partes? No es que esos autos hayan aparecido ese día. Lo más probable es que te hayan pasado zumbando por el lado durante mucho tiempo… pero si no los estás buscando, probablemente no los estés notando.

Ese es el efecto multiplicador de elegir buscar algo: comenzarás a verlo cada vez más. En el caso de la esperanza, cuanto más evidencia de ella veas, más seguro estarás de que está allí. Cuando estés seguro de que está allí, se forma una nueva perspectiva. Y aún mejor, esta nueva perspectiva se convierte en una nueva realidad.

¿Entonces, dónde comenzamos? Después de todo, ver la esperanza no es algo tan definido como ver un auto rojo o un SUV blanco. El mejor lugar para comenzar a buscar algo es volver a donde ese algo se perdió.

No puedo decir que yo haya perdido por completo la esperanza. Pero puedo identificar dónde menguó mi esperanza: donde dejé de ver lo que realmente es hermoso de la vida, del amor y de apoyarse en Dios.

Así que volvamos al lugar donde yo estaba cuando este mensaje me encontró.

Es donde el perdón todavía parecía cruel.

Es donde dejé de ver la belleza.

¿CÓMO ES

posible

EL PERDÓN CUANDO ME SIENTO ASÍ?

ENTRÉ A MI CITA con mi consejero, Jim, deseando haberla cancelado. Pero esta no era una cita típica de una hora; era todo un día intensivo, demasiado costosa para echarla a un lado.

No había estado durmiendo bien. Tenía los ojos hinchados. Y aunque me mataran, no podía recordar si me había puesto desodorante. Increíble. Me preguntaba si el ambientador de melocotón que había visto antes en el baño de la oficina podría funcionar en caso de apuro. Redacté una nota mental para probarlo durante nuestro próximo descanso para ir al baño.

Me sentía completamente desmotivada para hablar y demasiado motivada para llorar. Mi cabello se sentía pesado por el champú seco, y enredado por la falta de cepillado correcto. En vano intenté suavizarlo con las manos antes de retorcerlo al azar y hacerme un moño arriba, consciente de que debería haberlo lavado hace dos días.

Pero ¿quién tiene ese tipo de energía cuando sientes que te han vaciado la vida de la manera más injusta? Ese vacío tiene un peso implícito que no te motiva a preocuparte por la apariencia física.

«Jim, no sé cómo perdonar esto. Él no siente pesar por lo que sucedió, ni tampoco algunas de las otras personas involucradas en esta situación que también me hicieron daño. No creen que hayan hecho nada malo. No tienen sentimientos en torno a esto en lo absoluto. Están ahí afuera disfrutando del desastre de la vida. Y aquí estoy yo, sentada en la oficina de un consejero, tan llena de sentimientos heridos que me pregunto si es posible ahogarme en mis propias lágrimas. ¿Cómo puedo trabajar en el perdón cuando ni una onza de mí *siente* ganas de perdonar? No quiero hacer esto. Puede que en este momento yo sea un desastre total, pero si hay algo que no soy es farsante».

Esperaba con toda certeza que él reconociera que obviamente no era el momento para que trabajara en el perdón, y que necesitáramos cambiar el enfoque del día. Había muchas otras cosas que podríamos abordar y que me serían de gran beneficio. La higiene personal, por ejemplo, podría ser una opción obvia.

No recuerdo lo que Jim respondió a toda mi resistencia. Solo recuerdo que mantuvimos el rumbo, y lo que aprendí ese día sobre el perdón cambió mi vida.

Jim no dio señales de preocuparse en lo más mínimo ante mi falta de deseo de perdonar o ante la falta de cooperación de mis sentimientos. Casi parecía como si en su opinión, la intensidad de mi resistencia hacía que el ejercicio de ese día fuera más apropiado, y no menos. Eso me confundió. Ciertamente yo no quería agregar el «fracaso del perdón» a la lista de todo lo demás por lo que yo me autoflagelaba en esta etapa. Definitivamente era hora de ir a probar ese ambientador de melocotón.

Cuando regresé, oliendo a una tarta cubierta de frutas recién horneada, Jim me entregó un bulto de tarjetas de 3 x 5. «Lysa, ¿deseas sanarte de esto?».

Asentí con la cabeza. Yo sí quería sanarme.

Quería con todo mi corazón empezar a salir de este pozo donde todo parecía oscuro, confuso y sin esperanza. Sin embargo, pensé que para comenzar a sanar, necesitaba sentirme mejor —que como me sentía entonces— respecto a mis circunstancias y a las personas involucradas.

En aquel momento, en varias de mis relaciones muchas cosas me parecían agitadas. Cuando la vida de una persona explota, las personas a su alrededor reaccionan de diferentes maneras. En la mayoría de las personas puedes ver hermosas formas de compasión, pero no en todas.

Yo no había perdido solamente lo que creía que era auténtico en mi matrimonio. También estaba tratando de superar mi conmoción ante todas las formas impredecibles en que la gente había reaccionado por lo sucedido.

Sabía que me llevaría años examinar las repercusiones.

Sin embargo, la realidad más complicada en aquel momento, por mucho, era que hacía meses que no veía a Art. Estábamos separados. Y había capas de realidades complejas que nos impedían sentarnos juntos y procesar lo sucedido.

¿Cómo podría comenzar a sanar cuando no había resolución, restitución ni reconciliación con Art, ni con los demás que me hicieron daño?

Pensé que había que resolverlo todo.

Pensé que aquellos que hicieron cosas incorrectas se darían cuenta de que estaban equivocados.

O, al menos, algún tipo de justicia le daría un toquecito a mi mundo virado de cabeza y lo pondría en su lugar.

Y algo en todo esto parecería justo.

Entonces, consideraría el perdón. Y luego quizás podría sanar.

Sin embargo, mientras mi consejero seguía hablando, comencé a darme cuenta de que tal vez nunca sentiría que las cosas eran justas. Incluso si ocurriera el mejor de los casos y las personas que me lastimaron repentinamente se arrepintieran y admitieran todo lo que habían hecho, eso no repararía lo que sucedió. Eso no borraría el daño. Eso no se llevaría los recuerdos. Eso no me sanaría instantáneamente ni haría que nada de esto pareciera correcto.

Y lo más probable era que en el mejor de los casos no se manifestaría en la mayoría de las grandes situaciones en las que me lastimaron. Los grandes conflictos rara vez son tan ordenados.

Por lo tanto, tenía que apartar mi sanidad de las decisiones de las personas. Mi capacidad para sanar no puede depender de las decisiones de nadie, solamente de las mías.

Recuerdo exactamente dónde estaba parada cuando al fin me di cuenta de lo que mi consejero Jim había estado tratando de enseñarme sobre cómo apartar mi sanidad de las decisiones de los demás. Yo estaba en Israel. Era un día caluroso. Quería que el guía se apurara y terminara lo que estaba diciendo para poder irme a un lugar más fresco. Pero entonces, él expresó algo que me sacudió: «Jesús no realizó muchos milagros de sanidad en Jerusalén, o al menos no fueron registrados». Durante toda mi vida, cuando leía sobre los milagros de Jesús, imaginaba que la mayoría de ellos ocurrían en la ciudad de Jerusalén o en sus alredededores. Yo había estado en Tierra Santa para estudiar la Biblia varias veces, pero no fue hasta mi octavo viaje que el guía destacó este hecho.

Si estás leyendo el Evangelio de Juan, solo se registran dos milagros de sanidad de Jesús realizados en Jerusalén. Uno fue la curación del hombre inválido en el estanque de Betzatá, registrado en Juan 5. El otro fue la curación del ciego en el estanque de Siloé en Juan 9.

En ambos casos, la sanidad se produjo después de una decisión que ellos tomaron de obedecer al Señor, una decisión que no depende de las acciones de nadie más. Al principio, el inválido pensaba que necesitaba la cooperación de otras personas para ayudarlo a llegar al estanque cuando los ángeles agitaban el agua, según la superstición que muchos creían. Entonces, cuando Jesús le preguntó: «¿Quieres quedar sano?», la respuesta del hombre no fue «¡Sí!». En cambio, le dio a Jesús una excusa basada en el hecho de que nadie lo ayudaba a llegar al agua.

¿No es sorprendente que el hombre estuviera tan concentrado en lo que otros necesitaban hacer que casi se pierde lo que Jesús podía hacer? Esto me desafía en muchas áreas. Yo no he estado paralizada como este hombre, pero sé muy bien lo que se siente cuando uno no puede avanzar sin que otras personas cooperen como creo que deberían cooperar. Sin embargo, Jesús nunca hizo un comentario sobre las personas con quienes el paralítico parecía tan obsesionado.

Jesús simplemente le indicó que se levantara, recogiera su camilla y que anduviera. La Biblia luego plantea: «Al instante aquel hombre quedó sano, así que tomó su camilla y echó a andar…» (Juan 5:9). La sanidad no necesitó a nadie más que al inválido y a Jesús.

El otro milagro con el ciego se encuentra en Juan 9.

No leemos mucho sobre lo que el ciego pensaba de aquellos que lo rodeaban. Pero sí leemos que los discípulos tenían muchas ganas de saber quién fue el responsable de las acciones que causaron la ceguera. Se necesitaba culpar a alguien. Alguien tuvo la culpa.

Jesús echó por tierra esa suposición. No culpó ni avergonzó a nadie. Dijo que la ceguera de este hombre «... sucedió para que la obra de Dios se hiciera evidente en su vida» (Juan 9:3). Luego Jesús escupió en el suelo, mezcló un poco de barro, lo untó en los ojos del ciego, y le indicó que fuera a lavarse en el estanque de Siloé.

Jesús tuvo compasión.

Jesús tenía el poder.

Jesús no supeditó la sanidad a lo que otras personas hicieran o poseyeran.

Jesús dio la instrucción. El ciego obedeció. Jesús sanó. El ciego siguió adelante.

De pie en Jerusalén aquel día, mi guía prosiguió: «En el Evangelio de Juan, solo se registraron dos milagros de sanidad que Jesús realizó en Jerusalén. Uno nos mostró una nueva forma de caminar. El otro nos mostró una nueva forma de ver».

No estoy segura de todos los matices que él procuraba trasmitir con esa afirmación. Pero en mi caso, en un abrir y cerrar de ojos saqué mi diario para registrar esta revelación. Y escribí: «Para mí, el poder seguir adelante, y ver más allá de esta oscuridad actual, es entre el Señor y yo. No necesito esperar a que otros hagan nada, ni esperar la culpa o la vergüenza que no le hará ningún bien a nadie. Sencillamente debo obedecer lo que Dios me pida en este momento. Dios me ha dado una nueva forma de caminar. Y Dios me ha dado una nueva forma de ver. Se trata del perdón. Y es hermoso».

Tengo que poner mi sanidad en las manos del Señor. Necesito centrarme en lo que puedo hacer para acercarme a Él en obediencia. Y el perdón es lo que me pide.

Debo apartar mi sanidad del arrepentimiento o la falta de este por parte de los demás. Mi capacidad para sanar no puede estar condicionada a que otra persona desee mi perdón, sino solo a mi disposición a otorgarlo.

Y tengo que apartar mi sanidad de que todo esto sea justo. Mi capacidad para sanar no puede estar condicionada a que la otra persona reciba las consecuencias adecuadas por su desobediencia, sino solo a mi obediencia a confiar en la justicia de Dios, ya sea que la vea o no.

Mi sanidad es decisión mía.

Puedo sanar. Puedo perdonar. Puedo confiar en Dios. Y nadie puede tomar como rehén ninguna de esas hermosas realidades.

La sanidad llevará tiempo. Pero debo avanzar hacia allí, si es que espero llegar allí algún día. Y el perdón es un buen paso en la dirección correcta. No solo bueno, sino necesario.

Cuando no seguimos adelante, cuando nos atascamos en nuestro dolor, incapaces de escapar del agarre de ese dolor amenazante, el trauma se arraiga. Cuando seguimos reviviendo lo que sucedió en nuestra mente una y otra vez, seguimos experimentando el trauma como si sucediera en el momento presente. El tiempo se detiene con un chirrido, nuestros corazones se aceleran con pulsaciones sumamente impredecibles y terriblemente incontrolables, y nuestros cerebros siguen emitiendo alarmas internas de que ya no estamos seguros. Esto es útil por un tiempo, ya que necesitamos escapar

> Mi capacidad para sanar no puede estar condicionada a que otra persona desee mi perdón, sino solo a mi disposición a darlo.

del peligro inmediato, pero permanecer en este modo a largo plazo definitivamente no es saludable. Necesitamos con el tiempo avanzar hacia un estado de sanidad, de descanso. Con el tiempo necesitamos llegar al lugar donde dejamos de reproducir una y otra vez en nuestras mentes lo que nos hirió. «El cerebro y el cuerpo están programados para correr al hogar, donde la seguridad puede ser restaurada y las hormonas del estrés pueden encontrar descanso».[1]

Seguir adelante no es solo una buena teoría.

Seguir adelante es fundamental.

He leído esa oración de la cita anterior una y otra vez: «El cerebro y el cuerpo están programados para correr al hogar».

Hogar. Estoy programada para correr al hogar. Hebreos 13 lo dice de esta manera:

> Pues este mundo no es nuestro hogar permanente; esperamos el hogar futuro. Por lo tanto, por medio de Jesús, ofrezcamos un sacrificio continuo de alabanza a Dios, mediante el cual proclamamos nuestra lealtad a su nombre. Y no se olviden de hacer el bien ni de compartir lo que tienen con quienes pasan necesidad. Estos son los sacrificios que le agradan a Dios. [...]. Y ahora, que el Dios de paz —quien levantó de entre los muertos a nuestro Señor Jesús, el gran Pastor de las ovejas, y que ratificó un pacto eterno con su sangre— los capacite con todo lo que necesiten para hacer su voluntad. Que él produzca en ustedes, mediante el poder de Jesucristo, todo lo bueno que a él le agrada...».
> (Vv. 14-16, 20-21, NTV)

Si bien puedo anhelar estar en la eternidad algún día, no tengo que esperar para vivir mi ciudadanía celestial. Puedo traer el cielo a la tierra hoy al vivir de una manera tan misericordiosa que mis decisiones se alineen con Dios. Considera la oración del Señor: «... hágase tu voluntad en la tierra como en el cielo» (Mateo 6:10). Mi corazón encontrará mejor casa en la seguridad de la verdad de Dios. Como lo expresa el versículo citado arriba, Él me equipará con todo lo que necesito para hacerlo. Él me empoderará para hacer lo que Él mande. Y entonces corro hacia el perdón que Dios ordena. Y solo entonces encontraré la paz sanadora que Él ofrece.

Rehusarse a perdonar es rehusar la paz de Dios.

Yo estaba cansada de rehusar la paz.

Entonces, tomé las tarjetas de 3 x 5 que Jim me entregó y comencé a escribir las cosas que necesitaba perdonarle a Art; un hecho por tarjeta. Para mi cerebro era importante concentrarme primero solo en lo que había sucedido entre nosotros dos. Luego, cuando me vinieran a la mente otras personas y otras heridas, tomaría nota de estas, y pondría esas tarjetas en una pila separada para tratar con ellas después.

En una tarjeta tras otra, escribí en tropel cada hecho que pude recordar de todo lo que me había herido tan profundamente. Jim me indicó que las colocara en el piso con las letras hacia arriba, en una larga fila que serpenteara alrededor de la oficina. Luego me entregó una pila de cuadrados de fieltro rojo cortados un poco más grandes que cada tarjeta, y me indicó que declarara mi perdón para cada hecho específico. Por último, yo debía sellar cada declaración de perdón colocando una pieza de fieltro rojo sobre la parte superior de la tarjeta, como símbolo de la sangre de Jesús y su sacrificio supremo para perdonarnos.

Los sentimientos heridos a veces no quieren cooperar con las instrucciones sagradas. Es por eso que en este proceso tengo que agregar algo de lo que Jesús hizo en la cruz. La cruz fue el acto de perdón más sagrado que jamás haya tenido lugar. Y fue su sangre derramada por nuestros pecados el ingrediente redentor que logró un perdón que nunca podríamos haber obtenido o ganado por nosotros mismos. (Ver nota final para más explicaciones).[2]

Solamente tiene sentido incluir la sangre derramada de Jesús en mi acto de perdón cuando lograrlo por mi cuenta parece sumamente difícil… tal vez hasta imposible. Jesús lo hace posible.

«Perdono a Art por guardar secretos. Y lo que mis sentimientos aún no me permiten hacer, la sangre de Jesús lo cubrirá con creces».

«Perdono a Art por quebrantar nuestros votos matrimoniales. Y lo que mis sentimientos aún no me permiten hacer, la sangre de Jesús lo cubrirá».

«Perdono a Art por traicionar mi confianza. Y lo que mis sentimientos aún no me permiten hacer, la sangre de Jesús lo cubrirá».

Y con cada tarjeta, tuve un momento notable de perdón, en el que vacié mi corazón de todos los hechos densos de lo que sucedió. No es que haya borrado todos estos hechos de mi memoria; llegaremos a eso en solo un minuto. Sin embargo, hacer esto con uno a la vez, me liberó de llevar todos esos hechos no expresados, que se habían enredado hasta formar un gran embrollo que parecía demasiado grande para perdonar. Una por una, reconocí todas las piezas y las partes de lo que parecía una pesadilla sumamente abrumadora. Y, mientras verbalizaba lo sucedido, por fin sentí que tenía una voz en medio del caos.

Mi dolor no necesitaba que Art lo validara, ni que nadie más lo reivindicara. Solo necesitaba verbalizarlo, decirlo en voz alta, reconocerlo, reconocerlo como real y sacarlo a la luz.

Solo con verbalizar todo el dolor en una lista de hechos trajo un sentido de dignidad a mi mundo.

Y me di cuenta de lo que significaba cooperar con el perdón de Jesús. Significaba verme a mí misma como Jesús me ve: quebrantada pero aún elegida y digna del perdón. Significaba ver a Art como Jesús lo ve: quebrantado pero aún elegido y digno de perdón. Y, sobre todo, me quitó la presión de abrirme paso hacia el perdón a través de mis sentimientos. Solo necesitaba traer mi voluntad de perdonar, no la plenitud de todos mis sentimientos restaurados.

Voy a repetirlo una vez más, porque no quiero que pases esto por alto: solo necesitaba traer mi voluntad de perdonar, no la plenitud de todos mis sentimientos restaurados.

Porque todo lo que mis sentimientos no permitían, la obra de Jesús en la cruz podría cubrirlo. Es posible que demore años en ordenar y sanar mis sentimientos, pero la decisión del perdón no tenía que esperar todo eso.

Ahora comprendí que la decisión de perdonar era un paso importante a dar lo antes posible. Sería crucial tener en mente este momento señalado, para poder tener seguridad del progreso definitivo que había logrado hacia la sanidad.

De lo contrario, la naturaleza de la sanidad de dos pasos adelante, un paso atrás; tres pasos adelante, seis pasos atrás; cinco pasos adelante, un paso atrás, me habría hecho dudar que estuviera logrando algún avance en absoluto. Si sacas la cuenta, en realidad estás avanzando más pasos hacia adelante que hacia atrás; pero la sanidad emocional no es tan lineal y ordenada como un problema matemático.

Cuando sentimientos desencadenados nublan nuestra visión con emociones intensas resulta difícil ver el progreso.

Y el progreso en cuanto al perdón puede ser difícil de señalar cuando la ira y la confusión que el daño causó no desaparecen inmediatamente al verbalizar una declaración de perdón. Pero ten en cuenta que esto no solo es normal, sino que es parte del proceso.

Lo que estoy a punto de compartir contigo es uno de los secretos más cruciales para mantenerse en el camino hacia la sanidad integral cuando has sido herido profundamente. El perdón es **a la vez** una decisión **y** un proceso.

Tú tomas la decisión de perdonar los hechos de lo que sucedió.

Pero luego, debes también caminar a través del proceso de perdón por el impacto que esos hechos han tenido en ti.

Cada trauma tiene un efecto inicial *y* un impacto a largo plazo. El efecto inicial en mi situación fue el descubrimiento de la aventura amorosa de mi esposo y los cambios inmediatos que como resultado se produjeron bruscamente en nuestro mundo. Hubo la conmoción y la devastación que ocurrieron durante la etapa de trauma y que se convirtieron en hechos de la historia. Aunque esa etapa ha terminado y han pasado muchos años de sanidad, todavía hay momentos en que me tropiezo con un mal recuerdo. O una declaración detona algo en mí, y me siento abrumada por una inesperada ola de dolor; o me asalta un temor que despierta todo tipo de ansiedad y pensamientos irracionales.

Ese es el impacto que tuvo este trauma en mí.

Por ejemplo, si un conductor no se detuvo en el semáforo y golpeó tu vehículo con tal fuerza que tu pierna se fracturó en varios lugares, eso es lo que sucedió. Pero mucho después de que los huesos sanen, si ahora caminas cojeando o si padeces daño en los nervios, o ya no puede correr, el impacto del accidente continúa afectándote.

Incluso después de perdonar al otro conductor por el hecho sucedido, habrá recordatorios constantes que detonarán respuestas emocionales continuas. Cada mañana, cuando te paras frente a tu armario y ves tus zapatos de correr, se desencadenan sentimientos con solo ver algo que solías disfrutar tanto y que ahora te ha sido quitado por una elección que no fue tuya. El sentimiento puede tener un rango de variación que va desde la desilusión, que desaparece rápidamente, hasta la amargura por la injusticia de todo lo ocurrido. Incluso puedes inventar historias en tu mente, e imaginar al conductor que te golpeó corriendo, moviéndose libremente sin una preocupación en este mundo. La ira aumenta dentro de ti con tanta fuerza que casi te exige que hagas algo para corregir la balanza de la justicia.

No obstante, así como aumenta la ira, también aumenta la confusión. Tal vez ya has verbalizado tu perdón hacia este conductor. Y lo hiciste sinceramente. Entonces, ¿cómo rayos podría esa ira, al borde de la rabia, estar dentro de tu corazón junto con ese momento señalado de perdón?

Una vez más, incluso cuando has tomado la decisión de perdonar, detonantes como estos te recordarán que también hay un proceso de perdonar a las personas por el impacto que esto ha tenido en ti. En este escenario, estos detonantes operarán cada vez que recuerdes que tu pierna ya no funciona como antes del accidente.

Cuando los detonantes aparecen, el día del trauma original se sentirá extremadamente presente una vez más.

¿Te ha sucedido esto? A mí también.

Aquí es donde comenzamos a preguntarnos... y a dudar... y a sentirnos sin esperanza. Quizás el perdón no funciona. O quizás *nuestro* perdón no funciona. Nos preguntamos si algo anda mal en nosotros. Tal vez simplemente no somos capaces de ofrecer el tipo de perdón que otras personas (según parece mejores personas), son capaces de ofrecer. O tal vez este agravio es demasiado grande. O tal vez nuestras emociones son demasiado frágiles.

O tal vez solo pronunciamos las palabras, pero nunca lo hicimos desde el fondo de nuestro corazón.

Supongo que eso podría ser cierto. Pero supongamos que si pronunciamos las palabras, incluso si nuestros sentimientos aún no hubieran logrado ponerse a la par completamente con la decisión de perdonar, y confiamos en que el Señor llenaría cualquier vacío, entonces esa decisión fue genuina. Entonces, ¿por qué toda esa lucha persistente con emociones profundas en torno a un incidente que ya hemos perdonado?

La decisión de perdonar no enmienda todas las emociones dañadas. No elimina automáticamente la ira, la frustración, la duda, la confianza dañada o el miedo.

Para trabajar en esas emociones, ahora debemos comenzar el proceso de perdonar a esa persona por el impacto.

Recuerda, la decisión de perdonar reconoce los hechos de lo sucedido. Pero la travesía mucho más larga del perdón trata con todas las formas en que estos hechos te afectaron, el impacto que produjeron.

La travesía con Art fue larga y brutal. Hubo años en que parecía que el divorcio era inminente, y nadie estaba más anonadada que yo ante una reconciliación final.

Hubo una lenta restauración de lo que había sido dañado tremendamente.

Hubo arrepentimiento. Hubo perdón. Hubo una aceptación de que, solo porque algo no estuvo bien durante mucho tiempo, no significa que no se pueda lograr con el tiempo. Hubo algo de sanidad que ambos trabajamos de manera individual. Y luego estaba la decisión de que era hora de sanar juntos.

Hubo una hermosa renovación de votos.

Si alguna vez nos encontramos personalmente, lo que más me gustaría sería mostrarte las fotos y los videos de ese día. Y contarte más de la historia. Pero por favor debes saber que este no fue el final de la historia.

Como ya expresé, incluso cuando tomamos la decisión de perdonar por los hechos de cómo nos hemos lastimado, también hay un proceso de perdonar por el impacto que seguirá aflorando durante meses, años, tal vez incluso décadas más tarde.

Y todo el dolor de un matrimonio hecho pedazos no solo vino de Art. Hubo otros involucrados a los que también yo necesitaba perdonar.

Unos meses después de la renovación de nuestros votos, Art y yo estábamos hablando. No tratábamos ningún tema difícil ni molesto. Luego él mencionó el nombre de una amiga que me hizo algo muy doloroso cuando todo se vino abajo. Art no tenía idea de que aún me sentía tan lastimada por esta persona, que el mero sonido de su nombre trajo una pesadumbre sobre mí que sentí que no podía controlar.

Se me aceleró el pulso.

Mi cara y mi nuca se sentían calientes.

Me comenzaron a sudar las manos y sentí que la garganta se me cerraba.

Miré a Art con lágrimas en los ojos y le dije: «Solo escuchar su nombre tiene un efecto tan abrumador en mí. Yo la perdoné. Sé que ella no se dio cuenta de cuánto me lastimaría lo que hizo. Incluso he llegado al punto de poder ver cómo Dios usó lo que ella hizo para bien. Sin embargo, todavía estoy tan molesta por lo que sucedió que mi cuerpo tiene una respuesta física a las emociones que surgen cada vez que pienso en ella».

Y aquí está la parte loca. En comparación con otras cosas que he tenido que perdonar, lo que ella me hizo no fue gran cosa. Pero debido a que aún sentía el impacto, el daño era profundo. Entonces, supe que tenía que tener otro momento marcado de perdón por todo lo que sentía ahora.

Cuando la perdoné por lo que sucedió en el pasado, simplemente escribí en una de aquellas tarjetas de 3 x 5 lo que ella había hecho y luego la cubrí con el fieltro rojo. Pero ahora, necesitaba hacer ese mismo ejercicio para perdonar a esta amiga por el impacto. «La perdono por ser insensible a mi dolor y decir cosas que me hicieron sentir despreciada y juzgada. La perdono por la ansiedad que esto sigue provocando en mi corazón y por incapacitarme en cierto modo a confiar en otros amigos».

En aquel momento, yo no tenía ninguna tarjeta de 3 x 5 conmigo, ni los cuadrados de fieltro rojo que mi consejero tenía disponible en su oficina cuando realizamos juntos este ejercicio. Entonces, sencillamente cerré los ojos y realicé el ejercicio en mi mente. Y terminé en oración: «Y lo que mis sentimientos no permiten, lo cubre la sangre de Jesús. Amén».

Es de esta manera que el perdón es a la vez una decisión y un proceso. Cada ofensa necesita un momento marcado para liberar la falta de perdón que amenaza con mantenernos como rehenes y evitar que sigamos adelante.

Sin embargo, si todavía estás luchando con sentimientos no resueltos, eso es comprensible. Como me explicó mi consejero, tu decisión de perdonar los hechos de lo sucedido se realiza en un momento específico en el tiempo. Sin embargo, el proceso de trabajar con todas las emociones derivadas del impacto de lo sucedido probablemente tendrá lugar con el tiempo.

Este ejercicio no repara ni cambia lo sucedido. Pero me da algo que hacer además de revolcarme en todo el dolor. Pude dejar de querer procesar en exceso lo que mi amiga había hecho y todas las formas en que me hirió y, en cambio, pude regresar a estar con Art.

El perdón

es a la vez una

DECISIÓN

y un

PROCESO.

Tiempo atrás, ese tipo de emoción detonada habría descarrilado toda nuestra conversación. Yo hubiera atribuido erróneamente a Art los sentimientos de dolor que me causó mi amiga y lo hubiera enredado todo en el caos. Lo más probable es que ambos hubiéramos abandonado heridos la conversación. Él habría tomado mis emociones agitadas como una cuestión personal. Yo le habría guardado rencor por no ser más comprensivo. Hubiéramos desperdiciado mucha energía colaborando directamente con los planes del enemigo de causar división entre nosotros. Sin embargo, ahora sabemos cómo evitar eso.

Por favor, no te hagas una imagen demasiado idealizada de mi progreso. En muchas otras ocasiones, las cosas no salieron tan bien en conversaciones como esta. Pero estoy mejorando, y Art también. Y sé que gran parte de todo esto está marchando a través de este proceso de perdón continuo.

Sí, los detonantes son increíblemente difíciles y pueden ser terriblemente molestos. Sin embargo, en realidad estoy empezando a verlos desde una nueva perspectiva. Solía pensar lo injusto que era tener que lidiar con el impacto del suceso traumático una y otra vez, a medida que nuevos detonantes me lo recordaban.

¿Por qué no podría ser solo una situación de una vez y por todas? Nos lastiman. Nosotros perdonamos. Seguimos adelante.

Tal vez sea por la misericordia de Dios.

Cuando mi amiga me hirió tanto, sumado a las heridas que me produjo Art, si todo el impacto emocional me hubiera golpeado al mismo tiempo, me podría haber matado. No estoy siendo dramática. Las repercusiones emocionales afectaron profundamente mi cuerpo. Si leíste mi último libro, sabes que casi muero durante la peor etapa de todos los traumas, cuando mi colon se retorció y cortó el flujo de sangre en mi interior. Me tuvieron que realizar una cirugía de emergencia para extirparme la mayor parte del colon, y luego pasé semanas en la sala de cuidados intensivos luchando por sobrevivir.

El cirujano que me realizó la operación, expresó posteriormente que cuando me abrió, el trauma era tan grave que parecía que me había atropellado un autobús. La mayoría de nosotros nunca veremos cómo el aferrarnos a nuestro dolor, resentimiento y falta de perdón puede llegar a verse en la realidad. Pero he observado algunas de las fotos de mi operación. Y estoy más convencida que nunca, que el trauma emocional nos golpea con tanta dureza e impacto como casi cualquier otra cosa.

Fue crucial que el impacto pleno de todo lo que Art y yo estábamos enfrentando no me golpeara de una sola vez. Ser capaz de ocuparme del impacto que se manifestó en los días, semanas y años posteriores es una gracia de Dios por varias razones.

Mientras más tiempo trabajo en mi sanidad, mayor perspectiva puedo aportar a esos sentimientos desencadenados. Estos ya no son tan dominantes e intensos como lo fueron una vez. Todavía me molestan, pues llegan con una energía inherente que amenaza con llevarme a un lugar al que no quiero ir. Todavía pueden hacerme llorar, cerrarme o sentirme atemorizada o amenazada. Pero ahora he mejorado mucho, en el sentido de que me siento en el espacio entre el sentimiento y la reacción. No siempre es tan apremiante. Y estos sentimientos desencadenados ya no me descarrilan por completo como solían hacer. Por lo tanto, me siento con ellos y me tomo el tiempo para resolverlos.

Ahora puedo discernir mejor cuál es el sentimiento y qué hacer con él. Tengo una serie de preguntas que me ayudan a analizarlo. Por ejemplo, si al ver una foto de nuestra etapa difícil me siento golpeada por una ola de tristeza, intentaré clasificar qué es verdad y qué no es verdad sobre esta foto.

Me daré un tiempo corto para lamentar lo perdido.

Estaré atenta a cualquier sentimiento de miedo que esto pueda provocar. ¿Es este el miedo remanente de esa etapa, o hay algo a lo que deba prestarle atención hoy? También mediré mi sentimiento hacia esta persona en una escala de «Bueno» a «Neutral» a «Frustrado» a «Herido» a «Enojado» a «Desear represalias». Discerniré si necesito procesar esto en voz alta con alguien, o simplemente resolverlo en mi propio diario.

Entonces recordaré que el daño que causaron fue por un daño que ellos arrastraban. Eso no justifica sus acciones, pero me ayuda a tener compasión por el dolor que seguramente han sufrido. No tengo que conocer ninguno de los detalles de lo que sucedió en su pasado. Solo puedo dejar que esa comprensión lleve mis pensamientos de lo que me hicieron a cómo ellos quizás sufrieron. Y en esa compasión encuentro una similitud: que ambos somos seres humanos tratando de encontrar nuestro camino. Más adelante en este mensaje abordaremos el importante papel que juegan la compasión y las similitudes (lo que compartimos en común) en el proceso de perdón.

Por ahora, me doy cuenta de que el dolor que pasó a través de ellos y llegó a mí es un momento de oportunidad más épico de lo que había comprendido. Ese dolor puede o bien atravesarme y ser desencadenado sobre otros; o bien, yo puedo detenerlo aquí mismo, ahora mismo. El mundo puede volverse un poco más oscuro o más brillante solo por la decisión que yo tome en este momento.

Entonces, inclino la cabeza y saco mentalmente otra tarjeta de 3x5 y los cuadrados de fieltro rojo, y coopero con el perdón del Señor. «Perdono a esta persona por cómo sus acciones de aquel entonces todavía me están impactando en la actualidad. Y lo que sea que mis sentimientos aún no permitan, lo cubrirá la sangre de Jesús».

Otro acto de perdón representa aún más sanidad y claridad. Otra pincelada intencional de belleza reemplaza lentamente la oscuridad con matices de luz creíble.

CAPÍTULO 5

reunir

LOS PUNTOS

PARTE DE LO QUE hizo que todo el problema con Art fuera tan brutal es que destruyó una red de seguridad emocional en la que yo había encontrado seguridad durante casi veinticinco años. Cada vez que algo realmente difícil ocurría en mi vida, yo solía decirme a mí misma: «Al menos Art y yo estamos bien». Verás, antes de conocer a Art, yo tenía una creencia que me obligaba a mantener a todos los hombres a distancia. La historia de mi vida estuvo marcada por hombres que me devastaron; por lo que constantemente me repetía: «No abras tu corazón a los hombres. Los hombres roban corazones. Para cuidarte a ti misma solo puedes confiar en ti misma».

Había hecho una excepción con Art. Y durante mucho tiempo, me alegré sobremanera de haberla hecho.

Y luego todo cambió.

Esto me hizo sentir tan insegura en cuanto a tantas cosas; insegura de lo que realmente creía sobre el perdón, insegura de cómo seguir adelante, insegura de cuál sería mi próximo paso. Deseaba poder afirmar: «Estoy bien, incluso si Art y yo nunca estamos bien». Pero aún no había llegado allí. Yo quería llegar. Sin embargo, quedaba más trabajo por hacer. Y sabía que el trabajo me exigiría desenredar otros argumentos y creencias que no me permitían estar bien.

Como expresé en el último capítulo, la consejería fue una parte importante de este proceso. No obstante, de igual manera fue importante reunirme con mis amigos en la mesa gris, semana tras semana, para procesar nuestras historias. Al hablar sobre el perdón, la amargura y los puntos de lucha en las relaciones, notamos numerosos lazos con nuestra etapa de crecimiento. Comencé a reconocer lo mucho que escribimos argumentos que nos ayuden a conducirnos por experiencias de vida basadas en nuestras experiencias pasadas. Y lo mucho que esos argumentos se convierten en sistemas de creencias que impregnan nuestras acciones.

Todos tenemos una historia. Y luego todos tenemos una historia que nos contamos a nosotros mismos. Revisar el pasado puede darnos miedo. Pero si queremos sanar por completo, necesitamos profundizar en nuestras historias para entender lo que hay detrás de la cortina. El perdón no tiene que ver solamente con lo que está frente a nosotros. A veces, una parte más importante de la travesía es descubrir lo que nos mueve desde hace mucho tiempo. Hay un hilo conductor, entretejido en nuestras experiencias, que conduce las creencias que formamos desde nuestro pasado hasta los momentos presentes de hoy.

Entonces, a pesar de que es difícil, vamos a regresar al pasado. Yo lo haré primero. Mientras cuento mi historia, tú debes buscar los hilos entretejidos en mis experiencias que llevaron a las creencias que aún se hacen eco en mi vida actual.

***

Para que puedas entenderme a mí y la forma en que funciono, primero debes entender a mi madre, quien, durante la mayor parte de

El perdón no tiene que ver solamente con lo que está frente a nosotros. A veces, una parte más importante de la travesía es descubrir lo que nos mueve desde hace mucho tiempo.

mi vida, fue mi estrella. Mi mamá es hija de una madre soltera, y nació en un Día de los Inocentes; luego la llevaron rápidamente a un orfanato. No estoy segura de todos los motivos, pero sí sé que a su madre le diagnosticaron tuberculosis y la pusieron en cuarentena en un sanatorio. Cuando su abuela y sus dos tías descubrieron que mi madre existía, fueron al orfanato a recogerla. Sin embargo, de alguna manera, cuando llegaron allí seis meses después, su nombre de pila, Ruth, había sido cambiado a Linda. Nunca hemos descubierto ese misterio.

Su abuela la adoptó y la trajo a vivir a su hogar en una pequeña casa blanca sin tuberías interiores; en una enorme granja de tabaco en Carolina del Norte. No sé por qué la madre de mi mamá nunca hizo lo que era necesario para ser una verdadera madre para mi madre, incluso después de haber recibido el alta del sanatorio. Sé que varias veces intentó secuestrar a mi mamá de su escuela primaria, y que los maestros tuvieron que rescatarla. Pero con estos hechos mi madre no se sintió querida. Al contrario, la mujer que le dio a luz la aterrorizaba. Luego, su abuela murió repentinamente en un día de Acción de Gracias cuando mamá solo estaba en primer grado. Y su madre biológica todavía no intentaba arreglar las cosas.

Entonces mi mamá creció con su abuelo y sus dos tías que hicieron de ella su mundo. La adoraban grandemente y disfrutaban de ella. Sus tías nunca se casaron. Ni siquiera se mudaron. Hasta el día de hoy, ellas viven en la misma casa donde nacieron hace más de ochenta años. Vivieron sus vidas para criar y amar a la niña que su hermana nunca regresó a buscar: mi mamá.

Mi mamá era estrepitosa, en una casa donde reinaba la tranquilidad. Era audaz, en una casa donde todos los demás preferían conformarse. En una ocasión, su tía Barbara necesitaba la escoba y, sin pensarlo, mi mamá la arrojó escaleras abajo, y golpeó accidentalmente a Barbara en la cabeza con tanta fuerza que la dejó inconsciente. Estoy segura de que hay otras historias de su infancia, pero esa es la única que recuerdo, y describe tan perfectamente a mi madre y cómo su entusiasmo y energía siempre van un poco por delante de cualquier tipo de sentido de precaución.

Mamá trabajaba en los campos de tabaco en el verano, y fue la primera reina de la fiesta de antiguos alumnos para la nueva escuela preuniversitaria a la que asistió. Era hermosa, valiente y muy querida.

Eso es todo lo que sé sobre su infancia.

Se casó justo al salir del preuniversitario y cuando yo llegué, ella apenas había terminado de ser niña.

Mi papá estuvo fuera de casa la mayor parte de los primeros dos años de mi vida. Mi madre y yo rápidamente nos convertimos en una unidad, una fuerza que se elevaba por encima de las limitaciones de nuestro parque de casas rodantes, donde vivíamos al lado de los padres de mi papá, en una situación que distaba de ser ideal. Mi madre habla muy poco sobre nuestra vida en esa casa rodante de anchura sencilla, excepto que todos nuestros muebles eran de plástico. Creo que en algún momento ella decidió que yo debería saltar la etapa de ser bebé para que pudiéramos ser amigas. Ella necesitaba una amiga; y por lo que me contaron, yo estaba feliz de ser justamente eso.

Sé que no le hallarás mucho sentido a lo que te voy a compartir, pero es cien por ciento verdad. Tengo fotografías cuadradas granuladas que lo demuestra. Ella comenzó a enseñarme a ir al baño a los seis meses de edad, usando el inodoro de plástico rosa para niños; caminé a los ocho meses y podía recitar el Juramento de Lealtad completo a los dos años. Nada de esto se debió a que yo fuera particularmente inteligente o adelantada, sino a que yo era el único foco de atención de una madre muy joven en una situación muy difícil que se deleitaba en que yo fuera su boleto de ida para escapar de la soledad.

Ella y yo nos reíamos, jugábamos y fingíamos tener a una vida completamente grandiosa en la que éramos muy finas y podíamos ir a donde quisiéramos. La imaginación no se limitaba a las finanzas, ni a las opiniones de las personas, ni a los papás que nunca quisieron tener hijos. Ella era mi estrella y yo la suya.

No recuerdo que en aquella etapa de la vida hubiera muchas reglas; creo que algunas cosas básicas, por ejemplo no comer cereales azucarados, y las últimas tres cosas antes de acostarme que siempre debía hacer: cepillarme los dientes, ir al baño y decir mis oraciones. Esas son reglas que mantengo hasta el día de hoy. Son tan parte de mí como los ojos verdes y el cabello oscuro de mi madre.

La única otra regla que puedo recordar de mi infancia era que nunca debía comer masa cruda para galletas. Para mí eso no tenía sentido, ya que mi abuela por parte de padre, quien vivía al lado nuestro en el parque de casas rodantes, servía trozos de carne cruda como aperitivo los viernes por la noche. Y no quiero decir poco cocinada, me refiero a la carne cruda directamente del refrigerador a la mesa. Incluso de niña, pensé que esto era sumamente extraño. Pero ya que los adultos podían comer carne cruda, yo deduje que en comparación la masa de galletas no era nada, y hacía todo lo posible para comerme una cucharada a escondidas.

Siempre creí que mi abuela era una de las personas más ricas del planeta, porque encargaba cosas del catálogo de Sears y porque tenía un auto de cuatro puertas. Estaba obsesionada con mantener las cosas limpias, y era muy particular. Cuando yo comía galletas saladas, hacía que me sentara sobre una sábana y, después de cada mordida, debía lamer el borde de la galleta para que no cayeran migajas.

Luego, cuando yo tenía alrededor de tres años y medio, me dijeron que venía un bebé. No recuerdo cómo mi madre me lo comunicó. Solo recuerdo que esto no era una buena noticia. Sentí como que un extraño estaba a punto de invadir nuestro mundo.

No tengo absolutamente ningún recuerdo de haber tenido problemas con mi madre, ni de que me hubiera regañado antes de que mi hermana naciera. Pero cuando ella llegó, llegaron también las reglas en la relación. No golpees. Sé amable. Usa tu voz de decir secretos para no despertarla ni asustarla. Deben turnarse. Comparte tus cosas. Dale la otra parte de la pizza. Déjala primero esta vez, pues tú fuiste primero la última vez. Sostén su mano. Ayúdala.

Era una niña pequeñita con cabello oscuro y rizado, ojos color chocolate y piel color aceituna que siempre olía a una combinación de loción rosa para bebés y a mi madre. Yo tenía mis reservas en darle la bienvenida. Pero mi madre hizo un buen trabajo al ayudarme a entender que ella podría ser parte de nosotras. Mi hermana no dividiría ni restaría a nuestras vidas; al contrario lo haría todo más divertido, pleno e interesante. Y cuando creció lo suficiente como para que yo también descubriera que ella me limpiaría la habitación por unos centavos, me animé exponencialmente ante su presencia.

Mi padre estuvo en casa unos años después del nacimiento de mi hermana. Nos mudábamos bastante y finalmente terminamos en Tallahassee, Florida. Mi madre obtuvo su título de enfermería y trabajó en el hospital. Mi hermana y yo íbamos y regresábamos caminando de la escuela todos los días, solo necesitábamos cruzar una gran intersección entre nuestra casa y la escuela. Creo que fue la misma intersección donde a mi madre la multaron por exceso de velocidad. Fueron veinticinco dólares, y cuando ella se lo contó a mi papá, él pagó la multa con el dinero que nosotras teníamos para participar en la feria del condado. Mi madre, mi hermana y yo estábamos devastadas por no poder ir a los diferentes juegos infantiles ese año. Mi papá no estaba triste. No cambió de opinión; ni siquiera cuando nos vio llorar. Recuerdo que debido a esa decisión suya, yo pronuncié una palabra en voz baja que no se nos permitía usar respecto a mi padre.

Tenía yo unos ocho o nueve años cuando nos conectamos de alguna manera con mi abuela, esa que nunca había regresado a buscar a mi madre. Mi mamá le ofreció una segunda oportunidad. Estaba emocionada y recuerdo haberle rogado a mi mamá que me dejara visitarla en la gran ciudad donde vivía. Lamenté muchísimo esa decisión. Mi abuela tenía un vecino que se convirtió en mi mayor pesadilla de abuso sexual.

Él solía cuidarme cuando ella iba a sus citas médicas. Ella fue a muchas citas médicas. Él me aseguró que si alguna vez se lo contaba a alguien, le haría daño a mi madre.

Yo amaba a mi madre, así que me mantuve en silencio. Determiné que yo era una mala persona por decir aquella palabra sobre mi padre y por robar chicle de un minimercado en una ocasión, y por no ser lo suficientemente fuerte o valiente como para escapar de aquel hombre malo.

En mi mente prometí ser una mejor persona. El sentimiento pesado dentro de mi corazón era algo que no podía describir. Determiné que todas las cosas malas se debían a que se estaban rompiendo las reglas. Por lo tanto, se deben acatar las reglas. Había que hacer cumplir las reglas. Y si había algo que yo no pudiera hacer cumplir, tenía que encontrar a alguien que pudiera.

Mi papá no supo lo que me pasó. Y antes de que pudiera armarme del valor para contárselo, él nos abandonó. Finalmente, cuando estaba en la escuela secundaria, con lágrimas en mis mejillas, se lo conté a mi madre, a pesar de que estaba aterrorizada de lo que el hombre nos haría a las dos. Mi mamá se le contó a mi papá. Yo estaba tan segura de que él haría lo que fuera necesario para corregir este mal. Seguramente, estaría tan devastado por lo que había sucedido como nosotras. Y él desearía protegernos volviendo a casa. No lo hizo. Creo que lloré más por lo que mi padre no hizo que por lo que aquel hombre malo sí me hizo.

Mi madre sí confrontó al hombre que abusó de mí. Ella hizo todo lo posible para protegerme y buscar justicia. Ese hombre nunca vino a buscar a mi madre; pero el miedo a que pudiera hacerlo, combinado con la ausencia de mi padre, me mantuvo siempre alerta durante años.

Mi madre una vez más demostró ser mi estrella. Ella me ayudó a reponerme de aquella etapa, y de alguna manera hicimos que la vida echara a andar. Comimos muchos macarrones con queso en caja; sin embargo, mi madre, mi hermana pequeña y yo encontramos una sensación de normalidad dentro de la casa azul de dos niveles en Eastgate Way. Y aparte de aquella vez cuando un conductor ebrio atravesó con su automóvil por la puerta de entrada hasta la sala de estar, o cuando mi madre apareció en la primera plana del periódico por rescatar zarigüeyas y alimentarlas con un gotero, la vida por un tiempo pareció bastante normal.

El mayor drama durante aquella época ocurrió entre mi hermana Angee y yo. Para ser honesta, en la actualidad ella es una de mis personas favoritas en el planeta. Pero en aquel entonces, yo era la hermana mayor y mandona, y ella era la susceptible. Cada vez que mi hermana y yo discutíamos, mi madre era la jueza. Ella siempre intervenía y declaraba que una persona estaba equivocada y la otra estaba en lo cierto. Ella era justa. Ella era la agente del orden. Y aunque no siempre estuve de acuerdo con su juicio sobre quién tenía razón y quién estaba equivocada, me sentí segura sabiendo que, pasara lo que pasara, ella podría arreglar situaciones, resolver peleas, y nos entregaba un guion a repetir que incluía a una persona diciendo «lo siento» y la otra que respondía: «Te perdono».

Entonces mamá hacía que nos abrazáramos y nos decía que volviéramos a jugar sin problemas o nos daría algo por lo que lloraríamos de verdad.

Fue bueno que mi mamá nos enseñara este ritmo de ser amables y hacer las paces en medio del egoísmo de la tonta niñez. Sin embargo, grabó algo muy dentro de mí que no maduró al dejar la infancia. Por lo tanto, mi sistema de creencia en torno a los problemas relacionales y el perdón contenía expectativas que no se manifestaban tan fácilmente a medida que yo crecía. Yo pensaba que siempre debía funcionar de la siguiente manera:

- Alguien está obviamente equivocado.
- Alguien obviamente tiene toda la razón.
- Una persona con autoridad declara que hay que afrontar lo mal hecho.
- El que está equivocado es regañado.
- El que está equivocado dice que lo siente.
- La persona con autoridad declara que la acción hiriente no puede continuar.

- La persona que fue perjudicada o herida se siente segura de que si esta acción se repite en alguna otra ocasión, habrá consecuencias para el culpable.
- En esta atmósfera de justicia evidente, la persona herida perdona.
- El perdón lleva a la reconciliación, y la relación vuelve a ser buena.

No obstante, cuando comencé la escuela las cosas cambiaron. Los maestros no solo tenían que dirigir a dos niñas pequeñas; tenían veinte o treinta niños y no podían intervenir para corregir todo lo mal hecho de todos los niños.

Creo que fue más o menos en quinto grado cuando las cosas se complicaron especialmente en la escuela, pues una línea imaginaria comenzó a dividir a los estudiantes. Algunos eran catalogados como «populares» por usar las cosas correctas, decir cosas geniales y saber más frases y palabras inapropiadas que los otros niños. En algún momento me di cuenta de que, de hecho, yo no era aceptada en «el grupo».

Tenía el cabello crespo; dientes de conejo, y no podíamos comprar ropa chévere. Intenté decirme a mí misma que por estas razones no me aceptaban. Pero en secreto, en el fondo, yo sospechaba que tenía que ver con cosas de las que yo no hablaba. Quizás de alguna manera lo sabían. Pero al menos tenía algunas amigas confiables a quienes no les importaba que no estuviéramos en el grupo popular. Juntas sobreviviríamos a las divisiones en la escuela. Éramos las obedientes a las reglas. Y eso nos hacía sentir bien.

Hasta que las dos chicas que yo creía que estarían conmigo pasara lo que pasara, vieron la oportunidad de cruzarse al grupo popular. Su iniciación era actuar de manera chévere, lo cual era en realidad el equivalente a hacer algo cruel conmigo. Nunca me lo imaginé. Un día en el patio de recreo, inesperadamente mis amigas declararon que yo era fea y que nadie me quería; luego me dieron un empujón y caí al suelo.

Me quedé horrorizada.

Entonces, creo que el instinto entró en acción. Fui a ver a la maestra con mis lágrimas y mi evidencia de ser maltratada, y esperaba que ella siguiera el mismo guion que mi madre.

Me quedé pasmada cuando me expresó que dejara de ser tan susceptible y me regañó por ser demasiado sentimental. Sentí como si mi rostro de repente estuviera envuelto en llamas que ardían debajo de las mejillas. Estaba avergonzada de mis sentimientos. Pude escuchar la risa de las que acababan de herirme, y no pude soportar darme la vuelta.

Sentí algo confuso e inquietante dentro del pecho. En parte era tristeza, en parte enojo y en parte querer escapar frenéticamente. El pánico se apoderó de mí. ¿Cómo podría la maestra quedarse de brazos cruzados? Una angustia efervescente atravesó mi ser.

No sabía a quién odiaba más en ese momento… a mis «amigas» o mí misma.

No estoy segura de por qué este rechazo pareció ser un momento tan épico. Ya con anterioridad había sido rechazada, herida y traicionada; pero esto fue en público. Y creo que es por eso que no solo me dolió, sino que también me hizo sentir avergonzada enfrente a lo que me pareció el mundo entero.

Me invadió una agitación. Quería a mi mamá; pero sabía que ella no podía estar conmigo en el patio de recreo. No en ese día. En ningún día. Las mamás a veces iban al aula con motivo de alguna fiesta, pero nunca iban al patio de recreo. Recorrí visualmente la cerca a nuestro alrededor con una necesidad urgente de encontrar una salida.

Cuando comprendí que no había a dónde ir, apreté la mandíbula. Contuve las lágrimas que mi maestra ya me había dicho que no eran aceptables aquí. Se me entumecieron las manos. Estaba totalmente aterrorizada ante la realidad impactante de que la única que podía protegerme era yo misma. Y ya sabía lo impotente que era.

No se trataba solamente de lo que me sucedió en el patio de recreo. Fue la madre de mi padre que me hizo sentir como una niña horrible por las pocas migajas de galletas que se me caían al suelo. Y la madre de mi madre que nunca vino a buscarla, y luego permitió que me lastimaran. Mi papá que no regresó a casa a protegernos. Y las chicas que se suponía que eran mis amigas.

En mi interior surgió una necesidad ardiente de que algún día ellos se dieran cuenta de lo horrible que realmente eran. Excepto que yo no quería que fueran horribles. Quería que fueran buenos, amorosos y amables. Quería que me miraran y que lo que vieran fuera de su agrado. Quería que me amaran y me protegieran. Quería lo que leía en los libros de cuentos y lo que veía modelado en los únicos dos programas de televisión que me permitían ver: *The Waltons* [Los Waltons] y *Little House on the Prairie* [La familia Ingalls].

Yo quería algo que sabía que debía ser posible. Pero simplemente no era posible para mí. Y no por cosas que estaban mal en todos los demás. De lo que realmente temía no poder escapar nunca era de ser yo. El denominador común de todo el dolor era que yo estaba en medio de todo.

El mayor infierno que un ser humano puede experimentar aquí en la tierra no es sufrir, sino sentir como que el sufrimiento no tiene sentido y que nunca mejorará.

Después de aquel incidente, el patio de recreo nunca más fue un lugar seguro. No culpé a la maestra; en realidad era una mujer encantadora. Pero sucedían cosas que ella nunca veía. En el patio de recreo las reglas eran diferentes. En lugar de *ser amables* y *jugar limpio*, era un juego de supervivencia. Las personas que decían o hacían cosas malas estaban protegidas por los demás del grupo popular. Parecía que podían salirse con la suya en todo. Eran los chéveres, los fuertes, los que mandaban. Nadie decía lo siento. Y la única justicia era poder idear una manera de vengarte en secreto de los niños malos, sin ser atrapado.

En esencia, todos nos convertimos en lo que temíamos: niños malos. Y si al principio no querías ser malo, solo te tomaba unos días de ser objeto de ataques para convertirte —en aras de la

El mayor infierno que un ser humano puede experimentar aquí en la tierra no es

SUFRIR,

sino sentir como que el sufrimiento

NO TIENE SENTIDO

y que nunca mejorará.

supervivencia— en una réplica exacta de los niños que más antipáticos te parecían.

Decidí no contárselo a mi mamá. Ser soplona era peor que no ser chévere.

Me sentía más segura amoldándome a la maldad que siendo vulnerable y valiente. Ser amable no era una opción, ya que la bondad saca a relucir lugares sensibles donde otros podrían lastimarme más. La dureza y la aspereza y unirme al juego malvado permitieron que mis vulnerabilidades permanecieran ocultas debajo de un corazón cada vez más endurecido.

Con el tiempo descubrí que había una manera de no unirse a la mezquindad y aun así evitar ser atacada: callar y camuflarse hasta el punto de desaparecer básicamente. Cero palabras. Cero emociones. Cero revelaciones. Cero acercamientos. Cero expresiones de ningún tipo.

Mi gracia salvadora ese año fue cuando me ofrecí como ayudante de la maestra para de esta forma quedarme en el aula durante el recreo. Limpiaba las pizarras y barría el piso cuadrado beige y verde, mientras todos los demás se aventuraban afuera en el patio de recreo. Y fue entonces cuando comencé a darme cuenta de que me reconfortaba repasar todas las evidencias que tenía contra todos los niños malos. Día tras día, en mi mente se acumulaban, con detalles precisos, archivos de cosas que ellos dijeron e hicieron. Evidencias que planeé compartir un día cuando finalmente descubriera quién estaba desempeñando el papel de juez y corrector de todos los entuertos en esta escuela.

Nunca encontré al juez.

El quinto grado llegó y se fue. Estaba plenamente convencida de que la escuela secundaria sería mejor. Y estaba plenamente equivocada. El juez tampoco estaba allí.

Dejé ese patio de recreo por última vez hace más de cuarenta años. Pero hasta el día de hoy a veces me pregunto si el patio de recreo me dejó a mí.

Te cuento todo esto, porque las cosas que aprendemos de niños continúan con nosotros. Me imagino que, mientras yo compartía mi historia, fragmentos de tu propia historia comenzaron a surgir en tu mente. Se prendieron fragmentos de recuerdos como antiguos videoclips. Algunos tan preciosos como los que conservo jugando con mi madre. Algunos tan dolorosos como cuando mi padre se iba y no regresaba a casa para protegernos. Algunos tan extraños como un conductor ebrio estrellándose contra mi casa. Algunos tan dolorosos como cuando mis amigas se volvían contra mí.

Esas cosas que suceden en nuestras vidas no solo cuentan una historia, sino que nos informan de la historia que nos contamos a nosotros mismos. Si escuchamos con atención, entretejido en toda nuestra narrativa, hay un sistema de creencias que se formó dentro de nosotros cuando éramos niños.

En mi caso, era un sistema de pensamiento que incluía varios aspectos.

Primero, me inculcó una idea clara de lo que creo que debería y no debería hacer. Todavía hago las cosas que mi madre me enseñó que se deben hacer antes de dormir. Sigo sin comprar cereal azucarado. Todavía lamo el borde de cada galleta que me como, según insistía mi abuela. No robo. Me estremezco cuando escucho malas palabras. No siempre creo que sea seguro compartir sentimientos. Las reglas están hechas para mantenernos a salvo y deben obedecerse. Las personas que obedecen las reglas están mucho más seguras que las que no lo hacen.

Segundo, afecta lo que creo sobre otras personas. Creo que algunas personas son fiables; pero mucha gente tiene problemas de los que no conozco nada. Los problemas no resueltos y las heridas no tratadas hacen que la gente diga y haga cosas que pueden doler. Yo hago todo lo posible por no hacer una cuestión personal de lo que otras personas dicen o hacen, pero es realmente difícil pues soy muy sensible. Salgo lastimada. Y tristemente, aunque nunca quiero lastimar a otros, lo hago. Incluso cuando hago todo lo que sé hacer para mejorar las cosas… a veces las cosas no mejoran. A la larga, algunas relaciones no sobreviven. A veces nunca sabemos realmente por qué.

Tercero, influye en lo que creo sobre mí misma.

Cuarto, en lo que creo sobre Dios.

Y, por último, lo que creo sobre el perdón y sobre seguir adelante de una manera saludable. No ofrecí ningún ejemplo de los últimos tres, porque creo que he hablado suficiente sobre mí, y esas ideas mejor las reservo para compartirlas en persona. Tal vez algún día nos encontremos y, con un café (extra caliente con leche de almendras al vapor y una stevia, por favor), podamos sacar nuestros diarios, y juntos, abrir nuestros corazones. Pero por ahora, aquí es donde te paso el bolígrafo.

A mi consejero le gusta animarme a reunir los puntos, conectar los puntos y luego corregir los puntos. La conexión y la corrección la haremos en capítulos futuros. Pero ahora mismo, en este momento, comencemos por el principio, y permite que tus recuerdos se revelen a través de los trazos del lapicero. No temas cómo salen las palabras o si se enredan en algún tipo de línea cronológica, ni sientas que debes garantizar que cada detalle sea preciso y correcto. No se trata de que todo salga bien, sino de que todo salga afuera.

Hay una persona extraordinaria que quiero asegurarme de que no dejes de conocer verdaderamente. El único y glorioso tú que cada día miras en el espejo… lleno de las experiencias más interesantes, peculiaridades encantadoras, heridas honestas, resiliencia inspiradora, rarezas familiares divertidas, y reflexiones absolutamente asombrosas sobre nuestro Padre celestial. Nunca me sentí tan honrada de conocer a alguien. Hola hermosa; hermoso, hermosa; hermoso tú.

conectar
LOS PUNTOS

CUANDO TERMINÉ DE ESCRIBIR el capítulo anterior, llamé a una amiga para leérselo en voz alta. Quería escuchar su reacción y ver si despertaba recuerdos de su propia infancia. Y así fue, los despertó. Ella expresó: «¡Vaya! Eso va a generar algunas conversaciones turbulentas en el estudio bíblico. Pero es bueno. Y es necesario».

Estoy de acuerdo. Es turbulento. Y es bueno. Las dos cosas.

Eso es parte de lo que debemos hacer al tomar los fragmentos de nuestra historia, que surgieron en el último capítulo, y comenzar a conectar los puntos. Esta parte turbulenta y buena del proceso debe ayudarnos a comprender que, aunque las situaciones que atravesamos parecían sucesos aislados del pasado, en la actualidad no están tan alejados de nosotros. Lo que experimentamos a través de la vida, impacta las percepciones que llevamos con nosotros. Cuanto más tiempo llevemos esas percepciones, más se convertirán en las verdades en las que creemos, por las que vivimos, por las que funcionamos, y las que utilizamos para que nos ayuden a conducirnos por la vida hoy.

Es importante comenzar a establecer estas conexiones entre lo que sucedió en nuestros años de crecimiento y las razones por las que hacemos algunas de las cosas que hacemos, decimos algunas de las cosas que decimos, y creemos algunas de las cosas que creemos en este momento. Y no se trata solo de procesar con el fin de entendernos mejor a nosotros mismos. Tiene que ver con procesar lo que aún necesita ser perdonado para que podamos avanzar realmente de manera saludable. Las cosas que nos marcaron del ayer son parte aún de lo que nos forma hoy.

Mi amiga me señaló que pensaba colgar el teléfono y sacar su diario. El diario grande con mucho espacio para escribir, no el

Las cosas que nos marcaron del ayer son parte aún de lo que nos forma hoy.

pequeño de tomar notas. Eso me hizo sonreír. Si para mi amiga el capítulo fue digno de un gran diario, tal vez también estimularía a otros a poner tinta en el papel.

Lo que no sabía mientras conversaba con ella era que también Art me escuchaba leer el capítulo. Se preparaba para comenzar el día, entrando y saliendo de la habitación, y no parecía estar sintonizado en lo absoluto con la lectura de mi capítulo.

Pero lo estaba.

Cuando colgué el teléfono, Art vino y se sentó a mi lado. Había lágrimas en sus ojos. «El capítulo fue realmente bueno, Lysa».

Mis palabras lo habían conmovido. Se encontraba en un estado sensible y empático. Deseaba escuchar y estaba dispuesto a compartir. Él también estaba haciendo conexiones, y juntos, esas conexiones comenzaron a contarme la historia detrás de nuestra historia. Era importante no solo para nuestra sanidad, sino también para mi travesía para perdonar el impacto de lo sucedido. Recuerda, nuestra decisión de perdonar ocurre en un momento marcado, como el que tuve con las tarjetas de 3 x 5; pero también hay un proceso de perdonar el impacto que todo esto tuvo en mí, y que se desplegará en años venideros. Estas conexiones que estábamos haciendo se tornaron sumamente cruciales para que yo entendiera lo que había sucedido… no el «por qué», sino el «qué». Para verbalizar el perdón, tenemos que verbalizar *qué* estamos perdonando.

Cinco años atrás, ver a Art tan abierto me habría dejado pasmada. En los años anteriores a lo que ahora denominamos «el túnel del caos», solo vi a Art llorar cuatro veces. Esas ocasiones están profundamente grabadas en mi memoria, porque era muy raro.

A Art lo educaron con la creencia de que las emociones eran sumamente privadas, y era mejor guardarlas para uno mismo. Se recompensaba el rendimiento. Por lo tanto, se prefería el rendimiento, incluso si para ello era necesario fingir. Que desde temprano en la vida te enseñen a reprimir los sentimientos, puede conllevar a veces a que nunca aprendas a entender adecuadamente los sentimientos más adelante en la vida. Los sentimientos tienen un propósito. Los sentimientos nos informan sobre los problemas que necesitamos abordar. También nos ayudan a identificarnos con los demás, establecer vínculos con los demás y saber cuándo necesitamos dar y recibir apoyo emocional.

No necesitamos que nuestros sentimientos nos gobiernen. Pero tampoco queremos ser actores que interpreten libretos que desempeñen con emoción solo cuando sea necesario o potencialmente recompensado. Algo así carece de una relación genuina con quienes nos rodean.

Nunca antes había hecho la conexión de que Art y yo éramos buenos interpretando nuestros papeles y haciendo lo que se esperaba, pero que carecíamos del tipo de profundidad necesaria para una intimidad emocional auténtica. Él se crio en una casa donde no se expresaban los sentimientos. Por lo tanto, aprendió a guardar secretos. Yo me crié en una casa donde cada sentimiento no solo se expresaba, sino que se declaraba en voz alta y se procesaba en voz alta. Se guardaban secretos, pero estos siempre encontraban su escapatoria en momentos de explosiones emocionales y declaraciones audaces. No podía entender por qué él era tan callado. Él no podía entender por qué yo era tan estrepitosa. Solo éramos dos personas que ansiaban una mayor profundidad emocional, pero no teníamos idea de cómo lograrla.

El amor es una cosa de profundidad. Cuando se ve obligado a permanecer en la superficie, se debate como un pez fuera del agua. Un pez no puede vivir en la superficie porque no puede respirar; ellos respiran oxígeno, pero no del aire de la superficie. Los peces absorben agua a través de sus branquias, las cuales disuelven el oxígeno del agua y lo reparten por sus cuerpos. Si no están sumergidos debajo de la superficie, estarán privados de lo que les da vida. El amor se parece un poco a esto.

El amor necesita profundidad para vivir. El amor necesita honestidad para crecer. El amor necesita confianza para sobrevivir.

Cuando carece de profundidad, se debate. Cuando está falto de honestidad, se marchita. Y cuando se rompe la confianza, el amor se paraliza.

Art y yo hemos pasado por todo eso. Sin embargo, es curioso que descubrí que los años de debate son los más confusos de todos. Esos fueron los años en que cuestioné mi cordura una y otra vez.

Esos fueron los años en que me dijeron las cosas correctas; sin embargo, parecían extrañamente carentes de sentimientos auténticos. Las palabras de amor deben caer en tu corazón como un puñado de plumas revoloteando, pero luego, cuando la verdad del amor se asienta, han de calmarte. No obstante, cuando las palabras llegan con un golpe seco, te preguntas: *¿Es esto cierto? ¿Lo dices de corazón?*

Con el tiempo, esa confusión me hizo preguntarme: *¿Estoy cuerda? ¿Estás cuerdo? Lo que escucho de ti debería hacerme sentir muy amada y segura. Pero lo que siento por dentro se parece más al miedo. Un miedo extraño y estrangulador como el que podrías sentir al caminar demasiado cerca del borde de un acantilado aterrador. ¿Por qué es eso?*

He oído decir que la gente se enamora. Desearía que la expresión fuera más como, «Encontramos el amor, y luego juntos lo elegimos una y otra vez». Prefiero eso a «enamorarse».

Entonces, para mí, nuestro amor era un amor confuso. Pero como el comportamiento de Art era tan convincente, en verdad pensé que el cien por ciento del problema era yo.

Con una infancia como la mía, deseché cualquier consideración de que Art fuera el del problema. Después de todo, fue de mí quien abusaron, y a quien abandonaron y acosaron. Realmente pensé que nuestros problemas eran solo mis problemas. No sabía cómo abordar lo que no podía explicar. No estaba haciendo la conexión de que también

Art pedía más. Solo pensé que creció en una casa tranquila. Y tranquilo significa perfecto, ya que la gente no se grita mutuamente. Como Art no gritaba, yo pensé que no tenía problemas. Nunca establecí la conexión de que las personas que están calladas son a veces las que sufren más; solo que sus gritos son silenciosos. O, están actuando en secreto. Yo nunca encubrí mi dolor, por lo que era más fácil atribuirme los problemas que tratar de cuestionar cosas que no entendía.

¿Alguna vez tu detector de humo ha comenzado a sonar, avisándote que debes cambiar las baterías para que el sistema funcione correctamente? Pero al no poder encontrar la manera de reemplazar las baterías, quizás simplemente lo desenganchaste del techo para que cesara ese sonido penetrante. Supongo que eso fue lo que hice yo. Simplemente me atribuí los problemas para que la confusión fuera menos alarmante. Ni me imaginaba que al hacerlo, desatendía las advertencias de un incendio que pronto destruiría mucho. En esencia, yo me traicioné mucho antes de que Art lo hiciera.

Recuerdo haber deseado perforar aquella superficie de su exterior tan seguro de sí mismo y reservado. Yo quería más. Aunque en ese tiempo, nunca puede describir en qué consistía ese «más».

En ese entonces, yo titubeaba en busca de una respuesta. Podría haber dicho *más emoción*. Sin embargo, no era eso realmente. Podría haber dicho más *conexión del corazón*. Pero realmente tampoco era eso. Y debido a no poder definirlo, simplemente habría dicho: «No importa. Estoy feliz. Olvida que dije algo». Y luego me acostaría en la cama por la noche, escuchando su respiración regular; y yo me pondría a llorar. No sé cuántas horas de medianoche pasé orando por algo que ni siquiera podía nombrar.

Ahora sé qué era ese «más» que parecía faltar.

Lo sé ahora, porque ahora lo tenemos.

Vulnerabilidad.

Tenemos que ser vulnerables para mirar las realidades de nuestra vida y establecer algunas de las conexiones de las que estamos hablando. No obstante, también ganamos aún más vulnerabilidad como resultado de una mayor conciencia de uno mismo. Se hace difícil fingir frente a los demás cuando ya no podemos fingir con nosotros mismos. Y, querido lector, si esa es una de las únicas conexiones y correcciones que logramos establecer en estos capítulos, valió la pena el trabajo.

El que finge nunca será el que se da cuenta de cuán desesperadamente necesita ser perdonado. Por lo tanto, perdonar a los demás siempre le parecerá como si fuera otra cosa que tiene que hacer, en lugar de un proceso de liberación en el que puede participar. En nuestra historia, yo tuve que establecer que tanto Art como yo necesitábamos gracia. Ambos necesitábamos sanidad. Ambos necesitábamos perdón.

Y aunque aprender este tipo de vulnerabilidad ha sido terriblemente doloroso, también ha sido la parte más vivificante de nuestra sanidad. ¿No es extraño que a veces eso que más tememos acaba allanando el camino hacia la libertad?

Nos hemos quedado completamente desnudos delante de la vista de todo el mundo. Y, tan terrible como la verdad que salió a la luz, por primera vez en mucho tiempo, los dos nos vimos obligados a sumergirnos debajo de la superficie, donde nuestro amor encontró oxígeno.

El mundo define vulnerabilidad como exponerse de tal manera que la exposición nos arriesga a ser dañados.

Y creo que es triste. Yo lo comprendo. Después de todo, ciertamente lo he experimentado. Pero he visto otra cara de la vulnerabilidad. Un lado hermoso. En lugar de definir vulnerabilidad como «me expongo al daño», ¿qué pasa si puede ser «abrirme para conocer y amar a otras personas y al mismo tiempo permitirles que me conozcan y me amen»?

¿Y si pudiera hacer esto sin temer el rechazo, porque ya estoy completamente convencida de que soy aceptada y admisible?

Aquí es donde establecí otra conexión. Art guardaba secretos en silencio porque no se sentía aceptable. Yo siempre lo presionaba para tener conversaciones que él no sabía cómo mantener, pues yo estaba muy desesperada por escuchar palabras que otros hombres nunca me expresaron. Quería saber que era aceptada. Aceptables y aceptados eran sentimientos que ambos anhelábamos, pero la forma en que procurábamos alcanzarlos nos destrozó en lugar de unirnos.

El secreto para lograr una vulnerabilidad saludable no comienza cuando me siento segura con Art. Por supuesto que la seguridad es importante, pero no comienza con los demás. Tiene mucho más que ver conmigo; que me sienta segura conmigo misma. Y que Art se sienta seguro con Art. Fue solo cuando mi opinión más sincera sobre mí misma fue también una opinión honorable sobre mí misma, que pude ser vulnerable ante Art; sin sentir miedo. Sin muros de fingimiento; ni cortinas que solo se abren cuando actuamos. Sin pequeñas mentiras para ocultar cosas que no podríamos soportar que fuesen reveladas… sin juicios lacerantes sobre las flaquezas del otro.

Art tenía que creer que era aceptable.

Yo tenía que creer que era aceptada.

Estos sentimientos no los encontraríamos dentro de nuestra relación. Estas eran verdades que debíamos vivir, porque Dios ya nos había ayudado a creerlas primero como individuos. Luego, en momentos de vulnerabilidad, podríamos simplemente recordarnos uno al otro lo que ya sabíamos que era verdad.

Ahora la honestidad cruda puede rebosar, sin necesidad de que el otro salte rápidamente para limpiarlo todo, ni sin personalizar la emoción sin filtrar como un ataque. Ahora nuestras conversaciones son más como «Solo di lo que necesitas decir. Te escucho. Estás seguro. Recordaré quién eres a la luz de cómo Dios te creó. Juntos, lucharemos contra la vergüenza que amenaza con abrirse camino forzosamente hasta tu mente. No añadiré a tu vergüenza. Voy a decir la verdad, pero siempre con el objetivo de ayudarte y ayudarnos a mantenernos saludables. No te reduciré a la suma total de tus luchas. Hablaré vida al recordarte quién eres realmente en Cristo».

El secreto es que podemos ayudarnos mutuamente a recordar quiénes en verdad somos. Pero no podemos arreglarnos el uno al otro. No podemos controlarnos el uno al otro. No podemos mantenernos saludables el uno al otro. Podemos hablar vida. Podemos ser vulnerables. Podemos orar. Podemos enfrentar al enemigo. Podemos elevar todas las ansiedades al Señor y podemos manejar las preocupaciones entre nosotros. Pero no debemos permitir que la fuerza destructiva de la vergüenza penetre en ninguna parte de nuestra relación. Es retornar a lo que Dios siempre tuvo en mente para las relaciones.

Uno de mis versículos favoritos en la Biblia es: «En ese tiempo el hombre y la mujer estaban desnudos, pero ninguno de los dos sentía vergüenza» (Génesis 2:25). Eran vulnerables... no corrían el riesgo de exponerse, sino que estaban muy abiertos a ser amados. No se sentían avergonzados de sí mismos. No se avergonzaban el uno del otro. No actuaban vergonzosamente en manera alguna. A menudo he planteado que esto se debía a que «no tenían que enfrentar ninguna otra opinión, solo el amor absoluto de Dios».[1] Esto es verdad.

Sin embargo, ahora también veo que podemos sacar más cosas de aquí.

Ellos sabían que Dios los había hecho, completa y maravillosamente especiales, a pesar de que los ingredientes reales que Dios usó para crearlos eran, al parecer, muy humildes y sencillos. El polvo y un hueso roto no parecen ser los comienzos más prometedores. Aparentemente, esos ingredientes carecen de potencial. Cuando pensamos en el polvo, a menudo pensamos en lo que queda después de que algo se rompe, o lo que debe limpiarse luego de demasiado descuido. Y una costilla expuesta es una de veinticuatro como esta, escondida debajo de la carne y alejada de la vista hasta que la vida acabe, y la descomposición haya hecho su trabajo.

Por sí solos, estos ingredientes no valdrían nada. Insignificantes. Inaceptables.

Pero elegidos por Dios, y luego que Dios soplara Su aliento sobre ellos y los tocara, se convirtieron en la única parte de la creación hecha a imagen de Dios. No eran nada y se convirtieron en lo más glorioso. Fueron hechos para ser un reflejo de la imagen de Dios. «Y Dios creó al ser humano a su imagen; lo creó a imagen de Dios.

Hombre y mujer los creó (Génesis 1:27). Estos portadores de imagen hicieron visible una imagen invisible de Dios.

Lo que los hizo gloriosos no fue cómo empezaron, siendo polvo y huesos, sino quién los hizo: Dios mismo. Aceptaron quienes eran sobre la base de lo que conocían sobre Dios. No veo evidencia de que, antes de la caída, ellos estuvieran inconformes por cómo fueron hechos.

Ambos estaban desnudos, pero ninguno de los dos sentía vergüenza.

Cuando comprendí esto, las lágrimas, como lluvia, gotearon sobre mi diario. Las palabras que escribí con tinta comenzaron a deformarse en borrones líquidos. Comencé a establecer la conexión de cuán desesperadamente Art necesita escucharme decir estas palabras vivificantes con respecto a él, y recordarle una y otra vez que él es más que polvo. Él es más de lo que ha hecho. Es mucho más que los errores que ha cometido. Él es el aliento mismo de Dios; muy aceptable. Y cuando lo miro así, su verdadera identidad brota. Esto no anula los problemas en los que ambos aún tenemos que trabajar; pero sí cambia el fundamento, que ya no es la vergüenza, sino la esperanza que tenemos en Cristo. Si bien la aventura amorosa es una realidad, no es su verdadera identidad. Es un hijo de Dios a quien puedo perdonar.

Dejé que la idea se asentara muy dentro de mí, y esta comenzó a ablandar mi corazón cada vez más. Mi pluma seguía escribiendo. Mis lágrimas seguían fluyendo. Mi corazón seguía suavizándose. Hacer estas conexiones fueron algo muy revelador. Me di cuenta de que mis lágrimas no se debían solo a que estaba estableciendo conexiones, sino también porque había aflicción asociada a estas revelaciones.

Esta palabra *aflicción* siguió apareciendo en lo que escribía. Aunque estaba perdonando, todavía me afligía por todo el dolor. Todavía estaba afligida por los agravios que aún no se habían solucionado. Todavía estaba afligida por elecciones con las que no estuve de acuerdo. La aflicción a menudo es un proceso largo que se toma de la mano con el perdón. En capítulos posteriores, hablaremos sobre el papel que juega la pérdida, pero ahora quiero mostrarles otra conexión que establecí.

Aun siendo niña, yo sentí el aguijón injusto de la pérdida y lo horrible que es cuando las acciones de las personas nos cuestan una emoción profunda. Nunca imaginé cuánto esto me hizo temer que la gente se aprovechara de mí. No sabía cómo tener una mejor perspectiva en cuanto a esto; sin embargo, al leer Génesis experimenté otra revelación diferente.

Antes de que la mujer fuera creada, Dios expresó que no era bueno que el hombre estuviera solo. Siempre supuse que esto era porque a Adán le faltaba algo. No obstante, leer el pasaje cuidadosamente una vez más, me ayudó a ver que el Adán creado no estaba incompleto. Después de todo, cuando Dios hizo que el hombre se durmiera, Él no rehízo, ni le agregó, ni renovó al hombre en lo absoluto. Él en realidad le quitó algo. Pero aunque a Adán le costó un pedazo de hueso, Dios le devolvió algo mucho mejor de lo que le quitó. Cualquier sacrificio colocado en la mano de Dios, Él lo puede convertir en algo bueno.

Y tal vez esa sea la primera lección de porqué la vulnerabilidad es tan complicada. Si corremos el riesgo de abrirnos, corremos el riesgo de ser heridos. Nos arriesgamos a que la otra persona nos quite algo. Y le tememos a este dolor porque, a diferencia de Adán y Eva, ya lo hemos experimentado. Entonces, retrocedemos y nos amargamos y nos ofendemos cada vez más fácilmente, y estamos cada vez menos dispuestos a ser vulnerables.

Entiendo esto.

Sé cómo describirlo, ya que soy muy propensa a pensar así.

Como dije, es increíble lo transgredida que me siento cuando me quitan algo. Y en mi ser natural no hay absolutamente nada que se sienta conforme con lo que he perdido. Todavía lloro por la aventura de Art. Todavía me duele que mi hermanita Haley se haya ido demasiado pronto. Todavía extraño a amigos que ya no son parte de nuestras vidas. Todavía espero que mi papá vuelva algún día a casa.

Hay otras cosas que nos han sido quitadas que no son tan difíciles de procesar. Dinero robado, comentarios ofensivos, u otras cosas de las que nos hayan despojado no están al mismo nivel que la pérdida de personas que hemos amado profundamente. Es un tipo diferente de dolor, pero sigue siendo un dolor que puede hacer que no me quiera arriesgar a ser despojada nuevamente.

No obstante, ¿qué pasa si, en lugar de temer lo que nos podría ser quitado, decidimos que todo lo perdido nos hace más completos, y no menos? No según la economía del mundo. En este mundo, la pérdida nos hace afligirnos como es normal. Pero esta no es la historia completa.

Al mismo tiempo que nos afligimos por una pérdida, ganamos más y más conciencia de una perspectiva eterna. La aflicción es una obra sumamente profunda y un proceso largo; que aparentemente no podremos sobrevivir. Pero al final sobrevivimos. Y aunque en este lado de la eternidad todavía no estemos de acuerdo en que el intercambio que el buen Dios realizó vale lo que hemos perdido, nos aferramos a la esperanza confiando en Dios.

Todo lo perdido que ponemos en manos de Dios no es una pérdida para siempre.

Martín Lutero expresó: «He tenido muchas cosas en mis manos y las he perdido todas; pero toda cosa que haya puesto en las manos de Dios, todavía la poseo».[2]

Dios le quitó una costilla a Adán. Le devolvió una mujer como regalo.

No todo lo que nos han quitado ha sido por la mano de Dios. Pero cuando coloco mentalmente todas y cada una de las pérdidas en Sus manos, estas pueden ser redimidas. «Ciertamente les aseguro que si el grano de trigo no cae en tierra y muere, se queda solo. Pero si muere, produce mucho fruto» (Juan 12:24).

La pérdida nunca es el final de la historia. Esto se hizo muy evidente con mi amiga Colette mientras hacía el trabajo de procesar su pasado y buscar conexiones. Algo que notó fue que tenía un pavor total a los amaneceres y a los atardeceres. Para la mayoría de nosotros, ambos son inspiradores. Pero no para Colette. Ella no quería sentarse y ver alzarse el sol, ni sentir el final glorioso de un día con un paseo al atardecer. Su familia sabía esto, pero no sabía por qué.

De hecho, a su familia le entristecía que ella no pudiera disfrutar de amaneceres y atardeceres junto a ellos.

Sin embargo, al escribir su historia, los puntos que reunió de repente comenzaron a ayudarla a conectar que, cuando era niña, la mañana y la noche eran momentos en que se sentía amenazada y asustada debido a circunstancias fuera de su control. Por lo tanto, siendo niña formó su sistema de creencias que le dictaba que estos dos momentos del día debía evitarlos, no disfrutarlos.

En todo este tiempo transcurrido, ella aún evitaba los amaneceres y los atardeceres, aunque en más de treinta años no había sido amenazada en esos momentos del día. Sus circunstancias habían cambiado drásticamente; pero sus procesos de pensamiento en cuanto a los amaneceres y las puestas de sol nunca cambiaron mientras crecía, maduraba y continuaba con su vida. Entonces, al conectar estos puntos, se dio cuenta de que necesitaba corregir su creencia sobre los amaneceres y los atardeceres.

La semana en que tratamos todo esto, ella contempló este glorioso despliegue de colores en el cielo como nunca antes.

Debido a que ella tuvo esta experiencia mientras visitaba otro estado, al principio pensó que los cielos le parecían tan espléndidos porque eran diferentes en esa parte del país. No obstante, otra amiga le aseguró que en su ciudad natal también se veían así. Y fue entonces cuando entendió que corregir los puntos de su historia la ayudaba a ver la belleza una vez más. La gloria y el esplendor expansivos estallaron en colores radiantes ante sus ojos, ¡y ella lo vio! Finalmente lo vio. Y creo que ahora lo verá por el resto de su vida.

No es porque su pasado haya cambiado; es porque ha cambiado lo que ahora cree que es posible para ella. Ahora los amaneceres no son deprimentes, ni tampoco es terrible cuando el cielo da paso a la oscuridad. Son muestras de gloria, esplendor y belleza que ella tiene permiso para disfrutar ciento por ciento. Su decisión. Mi decisión. Tu decisión.

Al estar aquí sentada, reflexionando, conectando mis puntos y pensando en Art y Colette, me doy cuenta de que en cada historia hay más. Hay heridas y pérdidas que hemos experimentado en nuestro pasado, las cuales alimentan creencias erróneas y tendencias poco saludables, que en el presente no nos dejan avanzar. Colette perdió años no solo de disfrutar los amaneceres y los atardeceres, sino también de disfrutar experiencias con su familia. Art y yo perdimos años de poder tener conversaciones difíciles sin considerar las emociones sin filtrar como un ataque. También nos perdimos la intimidad que esto habría fomentado. Sí, la pérdida es ciertamente parte de lo que nos moldea. Pero no todo tiene que ser perjudicial. La pérdida también puede moldearnos de una forma maravillosa si lo permitimos.

Si nos volvemos más autoconscientes de cómo estamos procesando nuestros pensamientos y percepciones y los redirigimos de maneras más vivificantes, entonces, con cada pérdida, existe el potencial de que desde nuestro interior surja una persona de fuerza y humildad que sea más sabia, empática, comprensiva, juiciosa y compasiva.

Entonces, recorro mi historia hacia atrás y le hago un llamado a que se levante. De niña yo desarrollé creencias sobre la vida, sobre mí, otras personas, Dios y el perdón. Y esas creencias a menudo se arraigaron muy profundamente en mí cuando me lastimaron siendo niña. Esto es lo que moldeó mi sistema de procesamiento a través del cual pasan mis pensamientos y experiencias incluso hasta el día de hoy.

Creo que es hora de volver a revisar mi sistema de creencias. No necesito pasarme la vida procesando las situaciones difíciles a través de las percepciones que se formaron en mis etapas más dolorosas o traumáticas. Este es un proceso lento, y no debe apresurarse, pero tampoco tengamos miedo de comenzar el proceso de sanidad. Y este comienza al encontrar las conexiones.

A continuación tenemos algunos aspectos a considerar al buscar las conexiones en tu historia:

* ¿Existen momentos del día o estaciones del año que deberías disfrutar, pero que en vez de esto las evitas? Por

ejemplo, en mi caso, siempre me han gustado mucho los meses de octubre y noviembre. El otoño para mí siempre ha sido una época sumamente especial del año. Pero ahora me veo preparándome para enfrentar estos meses de otoño, porque es cuando un suceso significativamente traumático ocurrió con Art. Una vez que establecí esta conexión, trabajé de manera intencional a fin de reivindicar estos meses para siempre. Reivindicar es mucho más enriquecedor que evitar.

- ¿Hay lugares que deberías disfrutar, pero te das cuenta de que no quieres ir allí?
- ¿Hay tipos de personas que evitas o te sientes especialmente ansioso al estar en su compañía?
- ¿Hay ciertas palabras o frases que provocan más emoción de la que crees que deberían provocar?
- ¿Hay ciertos recuerdos relacionados con sucesos de la vida que cuando se habla de ellos sientes ganas de evadir la conversación?

Al considerar las categorías: quién, qué, cuándo y dónde... busca también el por qué. Presta atención a las respuestas físicas de tu cuerpo, como el aumento de la frecuencia cardíaca, sentimientos de ansiedad, gestos faciales, o simplemente una sensación general de resistencia que sabes que no debería manifestarse.

No podemos cambiar lo que hemos experimentado, pero podemos elegir cómo las experiencias nos cambian a nosotros.

Te prometo que vale la pena. Lo veo hoy en el milagro de cuán lejos Dios nos ha llevado a Art y a mí. Los dos todavía tenemos mucho camino por recorrer, pero ya no estamos donde solíamos estar.

Hay vulnerabilidad. No hay actuación. No hay secretos. Y si lloro por la madrugada, él se despierta. Literalmente.

Es una seguridad que nunca antes tuvimos. Emociones. Lágrimas. Honestidad. Libertad para descubrir lo que hay dentro sin preocuparnos de que nos etiquetarán un problema, ni que ahuyentaremos

No podemos cambiar lo que hemos EXPERIMENTADO, *pero podemos elegir cómo las experiencias* NOS CAMBIAN A NOSOTROS.

al otro. Simplemente, nuestra humanidad se presenta ante el otro que es plenamente consciente de sus propias debilidades.

Somos libres de estar juntos sin la presión de tener que arreglarnos uno al otro. No es que no tratemos nuestras preocupaciones, pero no me apropio de los problemas de Art para solucionarlos. Y Art tampoco asume los míos. Trabajamos en ellos con nuestros consejeros; y liberamos nuestras frustraciones en oración ante Dios. No todo está ordenado. En realidad, a veces las cosas se desordenan bastante… pero es bueno. Y eso nos libera para vivir y amar juntos.

Ahora, regresemos a la historia del comienzo de este capítulo. Miré detenidamente a Art ese día, mientras él compartía las conexiones que estaba haciendo en respuesta a las que yo había hecho. Este hombre con lágrimas provocadas por algo que yo había escrito. Una parte de mí había conmovido su corazón y despertado su interés en sentarse a mi lado.

¿Cómo es posible que este hombre que quebrantó los niveles más profundos de mi ser ahora sepa cómo amarme de la manera más excelente? Es un misterio. Como gran parte de mi historia, una mezcla de Dios que a veces se movía, y luego a veces, bueno, no puedo entender dónde estaba Dios, y no veo evidencias de lo que estaba haciendo. Pero quizás esa es la parte llamada fe. Mi confianza se edifica cuando veo obrar a Dios con mis ojos humanos. Pero lo que edifica mi fe es cuando no puedo ver ni entender lo que Él hace. En cambio, decido depositar mi confianza en quién Él es, y declarar que Dios es bueno en medio de todas las incógnitas.

Mi papá nunca volvió a casa con nuestra familia, y ahora han pasado casi treinta años desde que escuché su voz por última vez. Lo perdoné y le dije que lo amaba, pero él aún no llama.

Un hombre regresó.

Un hombre nunca regresó.

Sin embargo, la redención de Dios está ahí sobre todas las cosas. Es un misterio sumamente doloroso y hermoso; y ambas cosas al mismo tiempo.

corregir

LOS PUNTOS

SI HOY ESTUVIÉRAMOS SENTADOS en la mesa gris nuevamente, te diría por qué no es suficiente con solo reunir los puntos y conectarlos. Ahora debemos hacer el trabajo de corregir los puntos: encontrar esas percepciones y creencias que formamos sobre la base de todo lo que hemos pasado, y asegurarnos de que sean vivificantes y no tóxicas. Estas percepciones y creencias que hemos formado, correctas o incorrectas, nos afectarán más de lo que podemos imaginar.

¿Alguna vez has estado con alguien que todo lo lleva al terreno personal? No importa lo que le digas, esa persona todo lo filtra inmediatamente a través del dolor no resuelto y las heridas no curadas de experiencias que ha tenido en la historia de su vida.

No olvida las cosas que le dicen. Siempre está armando un caso para apoyar sus percepciones; y a todo lo que le hagan y digan rápidamente atribuye motivos incorrectos e interpretaciones negativas.

Con todo su corazón cree cosas como: *No les caigo bien. No piensan que soy inteligente. No me quieren en su equipo. Están decididos a fastidiarme. Piensan que soy demasiado bullicioso, demasiado gordo, demasiado callado, demasiado negativo, demasiado obstinado o demasiado mandón. Piensan que no soy lo suficientemente bueno.* Hay tantas declaraciones como estas que siempre contaminan lo que otras personas hacen y dicen, y las asumen como un ataque personal.

Es agotador estar en una relación donde alguien todo lo lleva al terreno personal. La situación puede empeorar tanto que se vuelve dañina y a veces incluso tóxica. Hace que las personas a su alrededor pronto se sientan tan hartas de ser mal entendidas que con el tiempo se ponen insensibles.

¿Y la persona que interpreta todo lo hecho y dicho como un ataque personal? Está colocando su dolor en otro sitio y proyectándolo en todos los que la rodean. Nunca ha conectado los puntos para comprender realmente a quién en su pasado necesita perdonar.

Es más fácil ver qué puntos deben corregirse en otros. Es un poco más difícil verlo en nosotros mismos. Por eso escribí este capítulo. Para que podamos reconocer lo que es tóxico.

Este capítulo será como llevar un canario en una pequeña jaula y bajar, bajar y bajar para extraer los profundos escondrijos de nuestros corazones. Durante décadas, el detector de advertencia que los mineros de carbón británicos utilizaban a fin de evitar el dióxido de carbono y otros gases mortales era un pequeño canario en una jaula. Los mineros usaban el canario como medidor de algo que ellos no podían detectar con sus propios sentidos humanos. Si el canario se enfermaba o se veía adormecido, los mineros británicos sabían que había algo dañino en el ambiente. Tenían que alejar de inmediato al canario y a sí mismos de lo tóxico.[1]

Ese canario era el detector de alerta anticipada para un minero que cavaba profundamente. Mi oración es que este capítulo nos ayude a ti y a mí, no solo a detectar lo que podrían ser algunas percepciones y creencias poco saludables que nos impiden otorgar el perdón y andar por el camino de la sanidad, sino que también nos ayude a interpretar mejor lo que vemos frente a nosotros en este momento.

Si los mineros no percibieran el mal estado del canario o si pasaran demasiado tiempo sin revisar al canario, no podrían ver lo que era crucial que ellos vieran. No podrían interpretar su situación correctamente. Y las consecuencias podrían ser nefastas.

Si no detectamos pensamientos tan dañinos para nuestra salud emocional podemos creer cosas horribles sobre nosotros mismos, otras personas, el mundo que nos rodea e incluso Dios, lo cual cuanto menos nos atrofiará y nos impedirá seguir adelante como personas íntegras y saludables.

Las personas íntegras y saludables son capaces de dar y recibir amor; dar y recibir perdón; dar y recibir esperanza. Dar y recibir retroalimentación que edifica. Dar y recibir lecciones de vida ocultas dentro de las situaciones más difíciles por las que hemos pasado.

Tenemos que llegar al lugar donde el dolor que hemos experimentado sea una puerta de entrada que conduce a crecer, aprender, descubrir y, finalmente, ayudar a los demás. Pero si el dolor no es más que algo con lo que yo choco una y otra vez, entonces es una puerta de detención que me impide superar o atravesar esta situación. Es como toparse con una pared de ladrillos una y otra vez, sin comprender jamás por qué mi dolor solo aumenta día a día.

El perdón no me resulta tan difícil cuando tengo un sistema más saludable de procesar mis pensamientos, mis sentimientos, mis percepciones y creencias sobre mis circunstancias, personas, yo misma y Dios. Pero cuando te han herido profundamente, es difícil tener algunas ideas sobre lo que sucedió que no sean las más obvias. Podemos suponer con facilidad que las cosas malas son causadas por personas malas que causan realidades malas que nunca serán más que malas. Eso es una simplificación excesiva, y también una lamentable trampa de pensamiento en la que he estado atrapada durante años.

Las experiencias que tengo afectan las percepciones que formo. Las percepciones que formo al final se convierten en las creencias que arrastro conmigo. Las creencias que arrastro conmigo determinan lo que veo. Mis ojos solo pueden ver lo que realmente está allí, a menos que las percepciones que alimentan mi visión cambien lo que creo que veo.

Por ejemplo, si ves una pelusa en tu cocina, y no has tenido experiencias anteriores con algo blanco y medio peludo que se desliza sigilosamente por el suelo, podrías decir: «Oh, una pelusa. Tengo que barrerla». Sin embargo, si un día por el rabillo del ojo ves un ratón pasar corriendo por el suelo y desde las profundidades de tu estómago dejas escapar un grito espeluznante… la próxima vez que

Las experiencias que tengo afectan las PERCEPCIONES QUE FORMO.

Las percepciones que formo al final se convierten en las CREENCIAS QUE ARRASTRO CONMIGO.

Las creencias que arrastro conmigo determinan LO QUE VEO.

veas una pelusa por el rabillo del ojo, no pensarás que es polvo. Y así, ahí estás gritando, llamando a la persona en tu casa que se ocupa de los roedores, parada en una silla aterrorizada por una pelusa.

Puede que conozca sobre esto personalmente o puede que no. Y luego también puede haber una razón, o puede no haberla, por la cual, cuando miro una sopa hecha con verduras orgánicas, supongo que las especies son insectos. En una ocasión yo comí sopa de brócoli con lo que pensé que eran muchas especies sabrosas. Pero luego, después de haber comido hasta saciarme, mis hijos se llenaron los tazones y comenzaron a reír sin parar. Aquellos puntos negros no eran especias. Los ojos de mis hijos veían más que los míos. Y cuando tomaron una foto de una «especie» y la pusieron lo suficientemente grande como para que yo también pudiera ver las patas y las antenas, tuve que gritar. Me fui a la cama con la barriga llena de insectos. ¡No podía creerlo!

Sobre la base de las experiencias que tenemos, cuando vemos algo, nuestros cerebros completan detalles que tal vez ni siquiera nos demos cuenta. En nuestra visión física, no es solo lo que vemos… es lo que percibimos que estamos viendo lo que determina cómo definimos nuestra realidad presente. Esto no solo se aplica a nuestras percepciones físicas, sino también a nuestras percepciones emocionales.

Aquí es adonde queremos llegar con todo esto. En las relaciones tenemos experiencias tanto buenas como malas. Desarrollamos percepciones en cuanto al mundo y a otras personas que afectan lo que vemos a medida que avanzamos en la vida. Esas percepciones interpretan y llenan los espacios vacíos, y esa creencia moldea nuestra realidad.

Me imagino que lo que me pasó a mí podría estar pasando contigo. A medida que reuniste algunos de los puntos de tu historia y comenzaste a establecer conexiones en los últimos dos capítulos, algunas percepciones comenzaron a cambiar. Posiblemente ahora veas algunas cosas de manera diferente y te preguntes qué hacer con todo eso. Tal vez estás comenzando a darte cuenta de que algunas percepciones que has tenido han causado interpretaciones contaminadas, lo cual perjudicó algunas de tus relaciones. Tal vez has detectado algo tóxico. Aquí es donde damos uno de los pasos más importantes de todos: *corregir los puntos*.

Procesar todo esto lleva tiempo. Mucho tiempo. Pero el secreto de mi propio procesamiento consistió en tres etapas: dolor, aceptación y perspectiva.

En la etapa del dolor yo expresé todo lo que sucedió y cómo me hizo sentir. Esto es lo que hice al reunir los puntos.

En la etapa de la aceptación reconocí que en esas páginas de mi historia la tinta permanente ahora está seca. No puedo cambiar lo que pasó. Esto es lo que hice al conectar los puntos.

Y a partir de esas conexiones, comencé a ver desde nuevas perspectivas que me ayudaron a corregir algunos de los puntos. En la historia de mi vida todavía hay nuevas páginas por escribir, y a medida que mis percepciones se van formando, ellas determinarán cómo llevo el pasado a mi futuro. Repito, aunque no puedo cambiar lo que sucedió, sí puedo elegir lo que ahora creo, y cómo lo que sucedió me cambia para bien o para mal.

Para mí fue crucial reconocer el dolor sumamente profundo en todas sus formas, y con todos los ejemplos específicos que recordaba. Tenía que nombrar qué forma de dolor estaba sintiendo. Identificar quién causó el dolor. Contar la historia de lo que sucedió; cómo surgió el dolor. Luego, mediante varias preguntas, tuve que analizar detenidamente la historia que ahora me cuento a mí misma debido a esta experiencia. Las preguntas son las siguientes:

- ¿Qué creo ahora sobre la persona que me lastimó o sobre las personas con las que estoy en una relación de similar clase?
- ¿Qué creo ahora sobre mí?
- ¿Qué creo ahora sobre otras personas que fueron testigos de lo sucedido o lo supieron?
- ¿Qué creo ahora sobre el mundo en general debido a esta situación?

- ¿Y qué creo ahora sobre Dios como resultado de toda esta experiencia?

En mi caso fue importante reconsiderar las percepciones de lo que he pasado y lo que ahora creo que es cierto sobre todos los involucrados. Pero aún más importante, hacer estas preguntas sobre mis creencias me ayudó a ver lo que necesitaba ser corregido, de modo que, a medida que sigo adelante, tengo interpretaciones más saludables de lo que veo.

Cuando no pasamos por este proceso y no podemos ver nada más que una realidad oscura, es difícil soltar cosas y seguir adelante. Esto se debe a que es imposible viajar por la vida y no acumular *souvenirs* emocionales. Nosotros cargamos ya sean perspectivas saludables o archivos de evidencias de nuestro pasado: evidencias de lo que nos sucedió y de cómo nos han hecho daño. Esencialmente, los archivos de evidencias que se dejan desatendidos se convierten en rencores y resentimientos que nos agobian y distorsionan nuestras perspectivas. Cuando decidimos caminar por el sendero de corregir los puntos, no estamos cambiando dónde hemos estado, sino que estamos clasificando nuestros *souvenirs* para determinar con qué nos quedamos desde esto: evidencias infructuosas o perspectivas más saludables.

En muchas de las cosas malas que nos hicieron, nosotros no pudimos determinar nada sobre lo sucedido. Pero sí podemos determinar en cuanto a cómo seguimos adelante.

Debajo tenemos un ejemplo práctico de cómo hice esto. Yo pensé en las personas de cada una de las historias de mi vida y traté de discernir lo que llevaba conmigo en relación con esas personas. Empecé a centrarme de verdad en mi reacción física y emocional ante la mención del nombre de cada persona. Me hice preguntas como:

- ¿Me encojo? ¿Pongo los ojos en blanco? ¿Siento que mi pulso se acelera? ¿Aprieto la mandíbula? ¿Dejo escapar un suspiro?

- ¿Sacudo la cabeza ante la injusticia de que a esas personas les sucedan cosas buenas?

- ¿Celebro en secreto cuando escucho que están teniendo dificultades, con pensamientos como, *al fin recibieron lo que les espera?*

- ¿Sueño con el momento en que pueda presentar todas mis evidencias y escuchar que al fin ellos admiten que lo que hicieron estuvo mal?

- Cuando hablo con otras personas sobre esta historia, ¿comienzo rápidamente a tratar de convencer a los demás del daño que me hicieron, esperando provocar una reacción satisfactoriamente compasiva de ellos hacia mí, y algún tipo de declaración que afirme cuán horribles fueron en verdad las acciones del que me agravió?

- Si aún son parte asidua de mi vida, ¿espero siempre lo peor de ellos?

- ¿Me siento ofendido, consternado, irritado y molesto fácilmente por estas personas o por las personas que me los recuerdan?

O:

- ¿Reconozco lo que fue difícil; sin embargo, siento una sensación de calma y paz?

- ¿Puedo orar sinceramente por ellos cuando enfrentan situaciones difíciles?

- ¿Puedo controlar mis emociones cuando les pasan cosas buenas?

- ¿Estoy deseoso por compartir una perspectiva útil con otras personas que enfrentan una situación similar, con la esperanza de ayudarlos a llegar a un lugar mejor?

- ¿Puedo ver lo bueno en otras personas?

- ¿Procuro ver lecciones de vida y guardarlas, en lugar de guardar rencores?

- ¿Qué daño podría haber sufrido el que me agravió que lo llevó a hacer lo que hizo? ¿Puedo tener compasión por el quebrantamiento de esa persona?
- ¿Puedo ser auténticamente amable con esta persona que no fue para nada amable conmigo, incluso con los límites que tal vez tenga que trazar?

Y luego, probablemente, las preguntas más significativas de todas fueron aquellas que me ayudaron a replantear mi historia y a comenzar a verla desde una perspectiva diferente:

- ¿Cómo podría ver esto de manera diferente?
- ¿Hay una parte redentora de esta historia en la que pueda centrarme?
- ¿Qué cosas positivas pudieran suceder si decidiera perdonar y no seguir pensando en todas las formas en que me dañaron?
- ¿Hay cualidades positivas en mí que pudieran aflorar si decido seguir adelante sin guardar rencor?

Finalmente, procesé mi sufrimiento por medio de que Dios nunca desperdicia nuestro sufrimiento. Como nos recuerda el Libro de Romanos 5:3-5: «Y no solo en esto, sino también en nuestros sufrimientos, porque sabemos que el sufrimiento produce perseverancia; la perseverancia, entereza de carácter; la entereza de carácter, esperanza. Y esta esperanza no nos defrauda, porque Dios ha derramado su amor en nuestro corazón por el Espíritu Santo que nos ha dado».

Con esto en mente, me hice estas últimas interrogantes:

- ¿Para qué estaría empoderada una versión saludable de mí desde este punto?

- ¿Cómo puede esta herida hacerme mejor, y no peor?
- ¿Qué podría Dios estar dándome o revelándome a través de esto que no podría haber recibido antes?

Cuando respondí muchas de estas preguntas, no todo estaba ordenado y limpio. Mis diarios no eran lineales como hojas de cálculo, ni límpidos como fotografías. Se asemejaban más al arte abstracto, compuesto de palabras que quizás para los demás no tendrían sentido. Pero eso no era lo importante. Lo importante era ayudarme a darme sentido a mí misma y a corregir mis perspectivas mientras me esforzaba por seguir adelante. Y tú también puedes hacer lo mismo.

Es posible que no todo suceda en una larga sesión de preguntas. Estas revelaciones pueden llegar con el tiempo, y de manera inesperada; por ejemplo, cuando escuchas un sermón o a otra persona que comparte su testimonio, o tal vez mediante una canción, o incluso al leer este libro. Siempre que te sientas inspirado a escribir lo que estás aprendiendo, deja que las palabras fluyan. Sé honesto con lo que sale. Y sigue examinando al canario en tu mina de carbón, en este caso prestando atención a todo escrito que comienza a culpar a otros o a visitar nuevamente las circunstancias de tu herida.

Un aspecto que noté constantemente mientras hacía este ejercicio fue mi predisposición a aferrarme a los hechos de cómo me hirieron, más que a las perspectivas que estaba aprendiendo. Cuando en mi diario aparecerían sentimientos y pensamientos poco saludables que parecían más una evidencia que una perspectiva, yo solía hacer lo siguiente:

- era honesta con los sentimientos que estaba teniendo;
- era lo suficientemente valiente como para detener los pensamientos descontrolados que lo acompañan, incluso si tenía que decirlo en voz alta;
- verificaba posibles distorsiones con otros amigos de confianza, mi consejero y con la Palabra de Dios;

- buscaba un versículo de la Escritura que arrojaba verdad a alguna parte del recuerdo y aplicaba la Palabra de Dios a mi pensamiento; y
- lo procesaba hasta poder encontrar una manera más sana de mirar y contar mi historia.

Como ya he planteado, esto no es algo que pueda ocurrir en un abrir y cerrar de ojos, ni en un par de horas, quizás ni en un par de días. Marca este capítulo y decide convertirlo en algo a lo que vas a regresar una y otra vez las veces que necesites.

Llevó tiempo llegar hasta este lugar. Sanar y encontrar estas perspectivas saludables también llevarán tiempo.

En mi caso, nada de esto pudo hacerse deprisa, y nada de esto debería hacerse deprisa contigo.

Necesitamos sentir lo que sentimos.

Necesitamos examinar detenidamente lo que necesitamos examinar detenidamente.

Necesitamos sacarlo todo y ordenarlo todo.

Y, sobre todo, necesitamos permanecer allí, y estar presentes para todo.

Durante este proceso, y cada vez que me sentía lista para regresar a los viejos patrones y desistir, yo me tracé un desafío. Quiero que leas la siguiente parte en voz alta como una declaración personal:

- **NO NECESITO ESCAPAR.** Lo que estoy buscando nunca lo hallaré en ningún lugar por ahí.
- **NO NECESITO AISLARME.** A veces las mentiras gritan más fuerte cuando no hay otras voces que me ayuden a sancionar la falta.
- **NO NECESITO ENTUMECERLO.** No puedo entumecer mi camino para mejorar. Nunca estoy más cerca de la sanidad que cuando mis sentimientos son lo suficientemente fuertes como para moverme a prestarles atención. Sanar es permitir

que el sentimiento me señale todo el camino hasta la causa de un problema. Y cuando esto se aborda de forma adecuada, da paso a la esperanza, a la paz y al gozo que me guiarán desde aquí.

- **NO NECESITO SILENCIAR LAS PALABRAS PLASMADAS EN MI DIARIO.** Las palabras que estoy escribiendo revelan mi corazón. No siempre puedo ver lo que hay dentro de mi corazón; sin embargo, puedo escuchar lo que se desborda. Todo esto es útil. El trabajo valdrá la pena.

- **HAY UNA VERSIÓN SANADA DE MÍ QUE ESTÁ ESPERANDO Y ANHELANDO SALIR.** Soy capaz de soltar mis evidencias. Las evidencias solo me mantienen atrapada en el lugar donde ocurrió la herida, por lo que me vuelvo a herir una y otra vez. Rechazaré la seducción de abrigar mis rencores y dejaré de suponer que Dios no intervino para ayudarme. En lugar de huir, correré hacia Dios cuando necesite ayuda. A partir de este momento, me aferraré a la perspectiva y la llevaré conmigo. He reunido, conectado y corregido los puntos. Ahora elijo creer que la salida más misericordiosa de Dios es la que estoy viviendo. No soy una víctima. Soy una mujer sanada, que camina en victoria.

Y ahora, querido amigo, quiero declarar esto sobre tu vida, mientras continúas pasando las hojas de este libro, pero regresando a esta sección:

No siempre puedo ver lo que hay dentro de mi corazón; sin embargo, puedo escuchar lo que se desborda.

Hoy es el día en que comienzas a soltar todas las frustraciones, temores y fragmentos de medias verdades y de claras mentiras que el enemigo, mediante un fuerte trabajo, te hizo creer. Separa lo que es verdad de todo lo que es engañoso. No necesitas poner en orden las palabras que le diriges a Dios. Solo necesitas verterlas todas. Abre los archivos del caso y examina la evidencia; pero no para usarla contra otros, sino para verlo todo a la luz de la verdad de Dios. Deja que Él revele lo que necesitas aprender de todo esto y llévate las lecciones contigo... pero no uses tu dolor como un arma contra los demás.

Dios está contigo. Él es el juez. Él es tu defensor. El único que puede rescatarte y ayudarte. Recuerda: las evidencias llenas de resentimiento encerradas en tu interior nunca hicieron justicia. Nunca lograron que otros cambiaran ni corrigieran un error. Nunca lograron que alguien se arrepintiera por todo lo que había hecho. Solo te hirieron y te encarcelaron detrás de la etiqueta de víctima. Es como si te sentaras sobre los escombros de un edificio demolido, negándote a dejar que se los lleven. «¡No!» gritas. «Debo aferrarme a estos cristales rotos y a estos ladrillos partidos, a marcos todos retorcidos y postes derribados». Todo esto debes verlo como lo que es, evidencia de un final. Pero luego que esos escombros dañinos han sido identificados y sacados, este mismo lugar es un buen terreno para una hermosa reconstrucción.

Esa evidencia reunida no es un tesoro, ni un *souvenir* que pruebe el lugar difícil al que has viajado, ni tu arma secreta de justicia. Son escombros. Aunque pienses que te protegen y mejoran tu mundo, los escombros son feos y cortantes. Y nada de eso está sanando tu corazón. Es hora de llamarlos por su nombre y comenzar a sacarlos del camino. Puedes recoger lo que no está roto de entre sus montones. Dentro de tus archivos de memoria no todo es horrible.

Debes vaciarte bastante para poder pasar de doliente a receptor. Hay cosas *nuevas* por encontrar. La *nueva* sanidad que descubras será maravillosa, pero quizás no te dará respuestas en cuanto al por qué ocurrió todo este dolor. Hacer las paces con el pasado no significa que en algún momento vas a entender lo que sucedió. Lo bueno es que hay algo mejor que las respuestas.

Para mejorar no tienes que saber el porqué. Por qué te hirieron, por qué te malinterpretaron, por qué te traicionaron, por qué no te amaron, ni te protegieron ni se quedaron como debían. Sus razones son multidimensionales, y tienen una mezcla misteriosa de su propio dolor. Ellos están lidiando con su propio sufrimiento y su propia lucha en el alma. Y al final, no creo que sepan todas las razones por las que tomaron las decisiones que tomaron.

Saber por qué no es obsequio alguno si nunca tiene sentido.

Tal vez ellos se amaban demasiado, o demasiado poco. Tal vez sus corazones estaban demasiado desconectados, o estaban duros o quebradizos. Los corazones suaves no destrozan, ni golpean, ni menosprecian. Sin embargo, con frecuencia puedes encontrar corazones rotos con pasados no sanados viajando por caminos extraviados. Ellos hieren, azotan, dicen palabras que realmente no quieren decir. El dolor que proyectan es solo un esfuerzo por proteger todo eso que sienten increíblemente frágil en su interior.

Lo sé porque he pasado por allí. Tanto para herir como para también ser herida.

Lamento mucho cómo te hirieron.

Y no sé por qué hicieron lo que hicieron, ni por qué se fueron cuando se fueron. Supongo que pensaron que estarías mejor sin ellos, o no pensaron en ti para nada. No pudieron verte como lo necesitabas, ni amarte como suplicabas. Solo tenían que irse.

No obstante, las respuestas sobre el porqué no son lo que necesitas.

Esperar algo de ellos te mantiene como rehén de lo que la otra persona quizás no esté dispuesta a dar.

Sin embargo, ¿y si quieres seguir adelante? ¿Sanar? ¿Dejar lo que duele? Eso es cien por ciento decisión tuya. Los pasos necesarios para lograrlo debes darlo tú. Eso es lo que puede ser tuyo cuando sientes lo que sientes, piensas lo que necesitas pensar y dices lo que hay que decir.

Tú debes apropiarte de la sanidad y conservarla.

La sanidad emocional no es tanto un nivel que debes alcanzar, sino más bien es elegir una nueva forma de pensar.

Es admitir que podrías estar pensando en el mal que te hicieron. ¿Existe otro camino? Siempre hay otro camino. Un mejor lugar donde estacionar. Una lección saludable que aprender. Un camino al frente y hacia adelante, un futuro por encontrar. Podemos atesorar lo que fue y dejar el resto atrás. Aprendemos las lecciones que alivian el yugo del dolor y la presión insostenible por resistir lo que ahora debe ser aceptado.

Cuando liberes el dolor y todos los rencores se vayan, recibirás PERSPECTIVA; un regalo realmente estupendo. Cuando tu perspectiva se centre más en lo que ganaste en esta etapa: el nuevo desarrollo de tu carácter, más madurez emocional, la capacidad de ayudar a otros que enfrentan algo semejante, ¡eso es progreso de sanación! La perspectiva traerá una sensación de avivamiento y una garantía de supervivencia a tu corazón y mente. No te rindas, no cedas, no te pierdas en el camino. Persevera en tu camino hacia adelante, y finalmente deja a un lado la evidencia.

La evidencia no te sirve; armar un caso no te sanará. Aferrarte a todo el dolor solo te privará de todo lo que es hermoso y posible en tu vida. Suéltalo. Encomiéndalo a Dios. Él sabe lo que sucedió y tratará todo con igual medida de misericordia y justicia.

LO INCAMBIABLE
PARECE
imperdonable

CAPÍTULO 8

TENGO UNA FOTOGRAFÍA EN BLANCO Y NEGRO de cuando era pequeña, recostada en un árbol. La encontré en una caja que contenía todo lo que quedaba de mi infancia. De niña a la boda, décadas de mi vida habían quedado ocultas. Mi madre acababa de darme la caja después de limpiar su desván. Ella estaba haciendo espacio. Ahora yo estaba haciendo camino a través de la hechura de mi vida. La foto mía recostada al árbol conserva mis secretos, tanto como conserva mi apariencia de aquel entonces. La saqué y la puse en mi tocador.

En esa foto, yo tenía el pelo largo y castaño; y parecía que el sol lo había besado y tornado casi rubio alrededor de mi rostro. Colgaba en tirabuzones desarreglados, algo enredados, pero de una manera hermosa. Mi piel tersa. Mi cuerpo pequeño. En verdad no estaba sonriendo. Parezco ensimismada. Nadie podría haber sabido con qué desespero anhelaba ser rescatada. Estaba practicando una habilidad que nadie tuvo que enseñarme. Escondiéndome dentro de mí misma.

Esta foto fue tomada durante la época en que el vecino de mi abuela abusaba de mí. Había abusado de mi cuerpo, pero también había tratado de destruir mi mente y mi alma. Había tomado versículos y justificado cosas tan oscuras que ninguna niña debería tener que soportarlas. Me había convencido de que era una niña muy muy horrible. Y yo le había creído; por lo que me despreciaba a mí misma.

Lo que me robó entonces no fue solo la inocencia de bellas fantasías e ingenuidad infantil. Me había arrastrado a un pozo de miedo; en la actualidad todavía tengo que luchar para mantenerme alejada de allí. Miedo de que no soy digna de ser amada. Miedo de que otras personas me usen y luego me echen a un lado. Miedo de que en mi vida siempre ocurrirá el peor de los casos. Sabía que esto no les estaba sucediendo a mis otros amigos. Entonces, ¿por qué me estaba sucediendo a mí?

La libertad de ser una niña juguetona me fue robada. Aprendí a pensar como un adulto para intentar salvarme. Para cuando el abuso cesó, habían cambiado a la chica alegre que una vez fui por una chica cautelosa. Y aunque he experimentado mucha consejería y sanidad, todavía me doy cuenta de que sigo esperando lo peor, y que me preparo constantemente para el impacto.

Otras personas suponen que nunca les sucederán cosas malas, mientras a mí me sucede lo contrario. Esa es una conexión que establecí en la mesa gris. Pero he descubierto que, a veces, si lo sucedido parece incambiable, esto puede hacer que el costo de cambiar mi perspectiva me parezca excesivo. Es difícil tener perspectivas esperanzadoras en cuanto a resultados permanentes que no deseabas para nada. Perdonar quizás parezca imposible cuando la otra persona no afectó solamente una etapa de nuestra vida, sino que nos ha afectado profundamente todos los días desde entonces. A veces, las secuelas prolongadas son las más difíciles de perdonar. Tal vez luchaste con algo similar respecto a las heridas más profundas de tu pasado.

En mi caso, como mencioné, entre las secuelas de mi abuso infantil está que mi cerebro va de manera instantánea a extremos cada vez que sucede algo. Esto se encuentra tan profundamente entretejido en mi pensamiento que ahora es más instinto que una elección consciente. Incluso cuando me estoy divirtiendo, me doy cuenta de que estoy conteniendo la respiración, pensando en todo lo que podría salir mal.

Me he imaginado yendo a juicio, y luego a la cárcel, por mil accidentes diferentes que realmente intenté evitar.

He planificado funerales para todos los seres queridos que alguna vez llegaron tarde a casa o que no contestaron su teléfono cuando los llamé reiteradamente.

Me he preocupado por cosas que todos a mi alrededor estaban seguros de que no sucederían; y con tanta angustia que literalmente me sentí demasiado enferma para comer.

Hace solo unas semanas, en unas vacaciones en la playa, mi familia decidió entrar marcha atrás a una cafetería con autoservicio. (Dios, honestamente, ¡¿cómo se le ocurre a mi gente cosas como esta?!). Todos se divertían de lo lindo mientras yo trabajaba como un psiquiatra a toda marcha dentro de mi mente, recordándome que nadie iba a morir, ni ser arrestado, ni ser causante de que en las noticias vespertinas aparezca una imagen con palabras que se desplazan por la parte inferior de la pantalla que diga: «Familia idiotizada causa daños irreparables en la cafetería del vecindario».

Ridículo, pero cierto.

A veces me pregunto cómo habría sido mi vida si pudiera divertirme sin tener que contener la respiración con cautela.

Sin suponer que todo lo peor de los casos serían mis casos. En defensa propia, puedo afirmar que soy la chica que, la primera vez que jugué al golf, expresé mi preocupación por la posibilidad de que la pelota de otro golfista me golpeara; y luego eso mismo me sucedió. Aunque las estadísticas muestran que las posibilidades de que esto ocurra son menos del uno por ciento, de hecho, me acertaron un pelotazo de golf en el lado posterior de la pantorrilla, y eso que solo estuve en un campo de golf durante menos de una hora en toda mi vida. Te aseguro que parecía que la pelota tuviera un foco láser en mi pierna, y que se abriera paso a través del bosque y entre los árboles, y me asestara el golpe mientras yo buscaba la pelota que había golpeado momentos antes.

También soy la chica cuyo parachoques metálico de su viejo auto fue alcanzado por un rayo en una ocasión. Y un conductor ebrio embistió la casa de mi infancia el día antes de una de mis fiestas de cumpleaños, y como resultado hubo que cancelarla. Entonces, puedes ver que mi vida parece desafiar las probabilidades estadísticas. O, al menos, vivo en un mundo donde suceden cosas difíciles.

A todos nos suceden cosas difíciles e injustas. Tal vez, de algún modo, todos nos preparamos constantemente para el impacto; simplemente que lo expresamos de maneras diferentes.

Lo que ese hombre me hizo parece enormemente injusto. Pero lo mismo sucede con tantas otras tragedias que formaron algo pesado dentro de mí.

Me pregunto cómo habría sido mi vida si no hubiera perdido a mi hermanita. Si mi papá me hubiera vuelto a llamar. Si no hubiera perdido a mi amiga en aquel horrible accidente automovilístico, que no fue culpa suya. Y a otra amiga que murió de cáncer; que el médico debería haber detectado antes. Y la otra que se suicidó porque las tinieblas la seguían implacablemente. ¿Y si otro amigo en el que confiaba no hubiera robado todo ese dinero? ¿O si la adicción y la aventura amorosa nunca hubieran sucedido?

Todo esto aún me hace llorar algunas veces. Es tan fastidiosamente injusto.

Peor aún, todo es tan fastidiosamente incambiable. Y lo incambiable puede parecer absolutamente imperdonable.

Todo eso me aflige.

Afligirse es soñar en reversa.

Cuando crees que vendrán días mejores, tú dices cosas como: «Sueño con algún día ser esposa y madre, o actriz, o chef, o científica». O: «Sueño con algún día abrir mi propia cafetería, escribir un libro o regresar a la escuela».

Sin embargo, cuando estás afligido por algo o alguien que te fue quitado, desearías poder retroceder en el tiempo. Sueñas en reversa.

En lugar de poner las esperanzas en lo que algún día será, anhelas un momento más inocente; en el que viviste más inconsciente de la tragedia. Pero el afligido sabe que no puede retroceder en el tiempo. Entonces la sanidad parece imposible, ya que las circunstancias parecen incambiables.

Comprueba si te identificas con alguna de estas situaciones incambiables:

* Cuando alguien se lleva algo que nunca recuperaré.

- Cuando tengo que enfrentar no solo el final de esta relación, sino también el final de todos los sueños y planes futuros vinculados a esta persona.
- Cuando el dolor para mí es inmenso, pero el que me hirió se comporta como si no fuera gran cosa.
- Cuando el dolor parece interminable.
- Cuando el resultado parece tan definitivo, que no puedo orientarme para continuar.
- Cuando no solo me hieren a mí sino a toda mi familia.
- Cuando los recordatorios del dolor nunca terminan, pues tengo que convivir con la persona que me lastimó.
- Cuando destruyeron mi carácter.
- Cuando me arruinaron la oportunidad por la que me había esforzado toda la vida.
- Cuando le quitaron la vida a alguien que amaba.
- Cuando me hirieron tan profunda y gravemente, que temo que nunca más volveré a la normalidad.

Estas son declaraciones que laten no solo con dolor y pérdida, sino con una aflicción tan profunda que es completamente exasperante pensar que el perdón debería aplicarse a casos así.

E incluso si ya decidiste perdonar, ¿cómo perdonas cuando los que te lastimaron no pueden o no están dispuestos a cooperar? Tal vez se niegan a dejar los malos comportamientos. Quizás ya no estén vivos. O no sabes dónde están. O contactarlos sería peligroso o doloroso. O temes que luego esperen una relación restaurada, lo cual por tu parte no es posible. O no estarían dispuestos a cooperar en el proceso de perdón. O manifestar palabras de perdón directamente a ellos incitaría el caos porque ellos no creen que necesitan ser perdonados.

¿Incluso qué lograría el perdón en estas situaciones? ¿Por qué atravesar el profundo trabajo de perdonar si en realidad no marcaría ningún tipo de diferencia? ¿Y cómo hacerlo si parece que estás profiriendo palabras al aire sin que nadie las escuche, ni las reciba, ni responda nada?

Comprendo todas estas preguntas, porque yo también las hice y luché con ellas. Y aunque seré la primera en levantar la mano y admitir que el perdón es un paso difícil de dar, también es el único paso que conduce a algo bueno. Cualquier otra opción, incluida la opción de no hacer nada y permanecer donde estamos, solo añade dolor al dolor. Pero ¿qué posición adoptamos para perdonar? A continuación expongo algunas verdades a las que he estado aprendiendo a aferrarme en mi corazón cuando tengo luchas en el proceso de avanzar hacia el perdón:

1. EL PERDÓN ES MÁS SATISFACTORIO QUE LA VENGANZA.

Estoy de acuerdo en que la persona que te hirió debería pagar sus ofensas y delitos en tu contra. Pero tú no deberías tener que pagar por ellos. La venganza es pagar dos veces por un daño que alguien te hizo. Pagas un precio cuando te hieren. Pagas el doble cuando llevas esa herida dentro de tu corazón y te hace decir y hacer cosas que de otro modo no dirías ni harías. Quizás pienses que devolver la ofensa te hará sentir mejor a corto plazo, pero a largo plazo el costo emocional y espiritual es mucho mayor del que hubieras querido pagar alguna vez.

Tú no necesitas cambiar tu paz, tu madurez, tu progreso espiritual, tu integridad y toda la belleza que agregas al mundo solo por añadir un poco de sufrimiento a la vida de quien te agravió o por tratar de darle una lección. Lo único que tu venganza logrará es agregar tu mala acción encima de la suya. El perdón entrega al Señor tu necesidad de que la persona sea castigada o corregida, cediéndosela al Único que puede hacer esto con las medidas correctas de justicia y misericordia.

El perdón no libera de responsabilidades a la otra persona. En realidad la coloca en las manos de Dios. Y luego, a medida que avanzas en el proceso de perdón, tu corazón se suaviza. Con el tiempo, descubrí un reblandecimiento dentro de mí que realmente desea que no ocurra más daño… ni para ellos, ni para mí, ni para ninguno de los demás implicados. Solo quiero paz. La paz del perdón es más satisfactoria que la venganza.

> Si es posible, y en cuanto dependa de ustedes, vivan en paz con todos. No tomen venganza, hermanos míos, sino dejen el castigo en las manos de Dios, porque está escrito: «Mía es la venganza; yo pagaré», dice el Señor. Antes bien, «Si tu enemigo tiene hambre, dale de comer; si tiene sed, dale de beber. Actuando así, harás que se avergüence de su conducta». No te dejes vencer por el mal; al contrario, vence el mal con el bien. (Romanos 12:19-21)

2. NUESTRO DIOS ES UN DIOS QUE SÍ HACE.

Hace poco participé en una sesión de preguntas y respuestas donde alguien en la audiencia preguntó: «¿Cómo puede Dios simplemente quedarse sin hacer nada?». El dolor en su pregunta era profundo. El dolor en su fe era real. Y, por supuesto, yo entiendo cómo uno se siente. Recuerdo que me sentí sumamente desilusionada durante mi travesía con Art. Durante años, todo lo que pude ver desde mi perspectiva era que Art estaba haciendo lo que le daba la gana sin la aparente intervención de Dios. Y cuando estás sufriendo tanto que aun tu siguiente suspiro parece insoportable, y el causante del dolor parece floreciente y próspero, es fácil comenzar a suponer que Dios no está haciendo nada.

No obstante, no servimos a un Dios pasivo. Él siempre está obrando. Una de mis historias bíblicas favoritas es la de José. Atravesó años de rechazo, falsas acusaciones, encarcelamiento injusto, y al parecer fue olvidado… pero con Dios, siempre hay un «entretanto». Dios estaba produciendo algo que solo Él podía hacer con las circunstancias de José. Estaba colocando a José y preparándolo para usarlo a fin de salvar las vidas de millones de personas durante una hambruna que de otro modo habría destruido varias naciones.

Dios siempre está haciendo algo.

No sé cómo funcionó este principio con el hombre que abusó de mí. A veces, a diferencia de la historia de José, no alcanzamos a ver, desde este lado de la eternidad, cómo Dios estaba obrando en nuestras experiencias más dolorosas. Sin embargo, puedo dejar que la manera en que Dios obró en la historia de José sea un recordatorio de Su fidelidad en mi historia.

Ahora he podido tener conversaciones con Art que me permiten regresar y corregir algunas de mis suposiciones de que para él la vida era divertida y fantástica durante los años en que estaba viviendo una mentira. Dios estaba obrando en mi esposo, incluso cuando yo no podía ver evidencia de eso. Pero aún más, el pecado en sí mismo contiene un castigo inherente. Art te diría hoy que en aquel entonces se sentía horrible. Se sentía atrapado dentro de una mentira que le obligaba a montar un espectáculo, para dar la impresión de que estaba viviendo el mejor momento de su existencia. Pero ese espectáculo requería sustancias sedantes que lo estaban matando. Era una trampa con dientes horribles, clavados tan profundamente en su alma, que no puede hablar de esos años sin rogar a los demás que no caigan en este mismo tipo de pesadilla.

El pecado siempre se disfraza de diversión y juego. Pero corre la cortina del corazón humano engañado, y lo que encontrarás allí escondido te hará caer de rodillas y orar por esa persona. Y tal vez esa es la razón por la que Dios nos enseña a orar por nuestros enemigos. Job 15:20 nos recuerda: «El impío se ve atormentado toda su vida...». Y Salmos 44:15 plantea: «La ignominia no me deja un solo instante; se me cae la cara de vergüenza».

El pecado, como señala Agustín, «se convierte en el castigo del pecado».[1] Pero nunca olvides que Dios está allí en medio de todo.

Pero no servimos a un Dios PASIVO.

El siempre está OBRANDO.

Independientemente de la buena apariencia que alguien le pueda dar a las decisiones pecaminosas, esa no es la historia completa. Dios sabe toda la verdad. En el caso de Art, Dios no solo estaba tratando de cambiar su comportamiento; estaba rescatando su alma. Nunca hubo un solo momento en el que Dios estuviera de brazos cruzados.

> Depositen en él toda ansiedad, [todas tus preocupaciones y todas tus inquietudes, de una vez por todas] porque él cuida de ustedes [con el más profundo cariño y vela por ti con mucho cuidado]. (1 Pedro 5:7, ampliado por la autora)

3. EL QUE TE AGRAVIÓ TAMBIÉN SUFRE DOLOR.

Sin compasión, resulta muy difícil perdonar genuinamente a alguien. Y es muy difícil tener compasión de alguien que no te ha mostrado compasión en absoluto. Entonces, en vez de comenzar intentando sentir compasión por alguien que te ha lastimado, comienza por tener compasión por el dolor que tuvieron que sentir para tomar las decisiones que tomaron.

El que causa dolor sufre dolor. No me es necesario saber nada sobre sus heridas para saber que existe dolor. En algún momento, alguien trató brutalmente su inocencia. O los hizo sentir aterrorizados, echados a un lado, golpeados, invisibles, desapercibidos, no deseados o avergonzados. Lo más probable es que haya sido una combinación de varios de esos sentimientos. A ese hombre que me dañó, a menudo me lo imagino como un niño pequeño, desesperado porque alguien tuviera compasión de él. Si puedo sentir compasión por su dolor, entonces puedo tener suficiente compasión para ayudar a que mi perdón sea genuino.

Si bien todo esto es muy útil para mantener mi corazón sensible y dispuesto al perdón, no estoy hablando de sentir remordimientos de culpa que justifiquen un comportamiento que no debería justificar en nombre de la compasión. No obstante, puedo dejar que la compasión me ayude a nunca avergonzarlos ni a negarme a perdonarlos.

Una de las personas que más me hirió parecía haber llevado una vida perfecta. No hubo abuso aparente, ni abandono ni adversidad de ningún tipo. Sin embargo, lo que parecía ser perfecto estaba lleno de un dolor oculto. Y cuando lo supe todo, lloré. Por su dolor. Por mi dolor. Porque ningún ser humano transita por la vida sin ser profundamente herido en algún momento.

La aflicción nos llega a todos.

Más bien, sean bondadosos y compasivos unos con otros, y perdónense mutuamente, así como Dios los perdonó a ustedes en Cristo. (Efesios 4:32)

4. EL PROPÓSITO DEL PERDÓN NO SIEMPRE ES LA RECONCILIACIÓN.

En algunos casos, mantener la relación funcionando simplemente no es una opción. Pero eso no significa que el perdón no sea una opción. E incluso cuando la reconciliación es viable, debe trabajarse muchísimo en la relación como parte del proceso de volver a estar juntos.

El perdón no significa que la confianza se restablezca de inmediato, o que las dinámicas relacionales difíciles se arreglen instantáneamente. La esencia del perdón es mantener tu corazón limpio, cooperando con el mandato de Dios de perdonar y manteniéndote en una posición para poder recibir el perdón de Dios. El perdón no siempre arregla las relaciones, pero ayuda a enmendar el corazón herido.

Si es posible, y en cuanto dependa de ustedes, vivan en paz con todos. (Romanos 12:18)

_____

El propósito de mi instrucción es que todos los creyentes sean llenos del amor que brota de un corazón puro, de una conciencia limpia y de una fe genuina. (1 Timoteo 1:5, NTV)

5. EL ENEMIGO ES EL VERDADERO VILLANO.

Sí, las personas tienen la opción de pecar o no contra nosotros. Y es cierto, cuando nos hieren, la persona que nos hirió le hizo de buena gana el juego al enemigo. Pero me ayuda a recordar que esta persona no es mi verdadero enemigo. El diablo es real y lanza un ataque directo contra todas las cosas buenas y reales. Él odia la palabra *juntos*, y obra especialmente con gran intencionalidad contra todo lo que trae honor y gloria a Dios. No obstante, en la Escritura se nos señala que *podemos* hacer frente a las artimañas del diablo.

En Efesios 6:11, la palabra *puedan* en el griego original es *dynasthai*, que significa «Soy poderoso, yo tengo el poder».[2] No estamos impotentes cuando el enemigo incita problemas entre nosotros. El secreto es ser consciente de esto. El poder no está en duda. Pero nuestra conciencia de esto a menudo aumenta y disminuye según nuestra voluntad de poner en práctica lo que la Palabra de Dios dice que hagamos en tiempos de conflicto.

Discúlpame si ahora me estremezco. Esto me toca muy de cerca. A menudo sucede que cuando no quiero vivir la Palabra de Dios con otra persona, hacer lo que Dios dice se convierte en una derrota enorme del enemigo. No hay nada más poderoso que una persona que vive lo que la Palabra de Dios enseña.

Efesios 6:11-12 nos anima así: «Pónganse toda la armadura de Dios para que puedan hacer frente a las artimañas del diablo. Porque nuestra lucha no es contra seres humanos, sino contra poderes, contra autoridades, contra potestades que dominan este mundo de tinieblas, contra fuerzas espirituales malignas en las regiones celestiales».

Querido amigo, las penas que llevas son enormes. Lo sé. Las mías también lo son. Y tu anhelo por deshacer algo que ha sido hecho es bien comprensible. Y sinceramente, creo que en ciertos niveles es honorable. Está bien que desees que las cosas cambien, y al mismo tiempo, que aceptes que en este lado de la eternidad no puedes hacer que todo, o todos, cambien de la manera que piensas que deberían. Puedes llevar ambas cosas. Puedes honrar ambas cosas.

Y con esto puedo suspirar aliviada, ya que cuando la verdad innegable se añade a mi perspectiva hace que incluso lo incambiable sea perdonable. Nada de esto es sencillo. Estas no son verdades solamente para leerlas. Debemos sentarnos con ellas. Y dejar que se asienten. Hasta que podamos atrevernos a caminar en ellas. Vivirlas. Y tal vez incluso un día declararlas como verdades que hemos decidido poseer.

No hay nada más poderoso que una persona que vive lo que la Palabra de Dios enseña.

LÍMITES QUE NOS AYUDAN A DEJAR DE BAILAR CON LA

disfunción

ERA LA 1:30 A.M., y yo conducía a casa sintiéndome completamente impotente, idiota y devastada debido a mi incapacidad para ordenar la locura. Alguien que amaba mucho tomaba decisiones, y aunque yo no tenía participación en las decisiones, estas me afectaban muy adentro. Llovía a cántaros. Cortinas de agua se estrellaban contra mi parabrisas. Y me di cuenta de que era tan impotente para arreglar lo que estaba sucediendo con esta persona como para detener la lluvia.

Podía salir del auto y gritar y patalear, y colocar las palmas de mis manos hacia el cielo, exigiendo que cesaran todas las gotas, pero hasta que las nubes se vaciaran o Dios obrara un milagro, la lluvia seguiría ahogando mis esfuerzos infructuosos. Al final, simplemente avanzaría a rastras de regreso a mi auto, empapada en derrota.

No puedo controlar las cosas que están fuera de mi control.

Es más fácil aceptar que no puedo detener la lluvia.

No obstante, es mucho más complicado cuando se trata de alguien que amo y que se desarticula completamente ante mis propios ojos. Y aún más cuando sus acciones también afectan mi vida de forma negativa.

Parte de lo que hace que el perdón a veces me resulte tan complicado es cuando con antelación le he advertido a la persona que amo que si toma esa decisión, nos costará a ambos un precio que ninguno de los dos, en un momento sensato y racional, querría pagar. Cuanto más inmersa estoy en alguien, más me afectan sus decisiones. Cuanto más me afectan sus decisiones, más me cuestan estas desde el punto de vista emocional, físico, mental y financiero.

A uno le parece como si ellos estuvieran parados sobre un inodoro, dejando caer cosas dentro que nunca quisieras perder. Es más que solo el dinero perdido, las emociones devastadas y la angustia mental que veo arremolinándose en los residuos. Son todas las esperanzas y deseos para nuestro futuro; sueños que podrían ser una realidad absoluta si ellos no tomaran las decisiones horribles que están tomando.

El perdón ya es suficientemente complicado cuando alguien te lastima. Pero cuando te parece como si estuvieran echando tu vida intencionalmente junto con la suya por el inodoro, mientras tú estás ahí parado imposibilitado de hacer algo al respecto, esto puede dejarte tan impotente que lo único que te resta para luchar contra la locura es la falta de perdón.

Eso lo entiendo perfectamente.

Aquella decisión de la noche lluviosa que estuvo fuera de mi control echó al inodoro muchísimas cosas que yo no deseaba perder. La pérdida injusta, el egoísmo de su parte, la total falta de discernimiento y madurez que esta persona a quien debería conocer mejor demostró, nos costó horriblemente a los dos. Tan horrible que tomaría años de consejería para desenredarlo todo. El perdón ciertamente sería parte de ese proceso, pero en aquella noche lluviosa, el perdón ni siquiera estaba aún en mi radar porque solo estaba tratando de sobrevivir ese momento. Y luego el siguiente. Me imagino que algunos de ustedes están allí ahora, como yo.

Tal vez una amiga que amas mucho ha tomado la horrible decisión de salir con alguien que poco a poco está desarticulando lo mejor de ella. Has hecho todo lo posible para advertirle, pero ahora ella está usando tus mejores intenciones en tu contra, y haciendo acusaciones hirientes sobre tu motivación. Siempre han soñado con una vida hermosa juntas: estar en sus respectivas bodas, criar bebés e irse de vacaciones con sus familias. Pero si ella se queda con este hombre, él no solo va a destrozar su mundo, sino que puedes percibir que ninguno de esos sueños de compañerismo se hará realidad. Y tienes mucho miedo de que, un día, él podría abandonarla, y tú serás a quien ella acuda en busca de rescate; rescate que les costará a las dos una enorme cantidad. Tú sabes que tendrás que perdonar mucho cuando se te pida que entres en su mundo una vez más.

Tal vez un hijo en el que has invertido todos tus mejores consejos, capacitación, amor y cuidado, de repente se vuelva adicto a una sustancia que sabes que es dañina y destructiva. Estás desesperado por ayudar a liberarlo de las garras de este monstruo que sabes que destruirá el futuro prometedor que tanto deseas para él. Temes lo devastadoras que serán las circunstancias cuando finalmente toque fondo, y parte del proceso de sanidad será que lo perdones. ¿Los visitarás en la cárcel? ¿En un refugio para indigentes? ¿En un centro terapéutico? O, peor aún, ¿en la morgue? *Querido Dios, ¿cuán trascendental será el costo para mi familia de esta devastación que tendré que perdonar algún día?*

Tal vez tu cónyuge esté tomando decisiones sospechosas, caóticas y traumáticas. No es que desees creer lo peor, pero no puedes entender lo que está haciendo ni las excusas que está poniendo. Tu discernimiento ha disparado la alarma, pero no puedes llenar los espacios vacíos con los detalles. Sin embargo, lo que sí sabes con certeza es que algo no está bien. Deseas acabar esto con todo tu ser. Has visto a otras parejas pasar por eso, y el precio que han tendido que pagar en cada área acosa a todos los involucrados en las décadas siguientes. Tal parece un desmantelamiento potencial de los cimientos de tu vida. ¿Cómo puedes pensar en el perdón cuando las secuelas tendrán consecuencias irreversibles y durarán quizás el resto de tu vida?

Las decisiones destructivas siempre afectan a más personas que solo a quien las toma. También impactan a todos aquellos que tienen relación con ellos.

Entonces, quiero ajustar este capítulo para mostrar qué hacer cuando nos enfocamos en sobrevivir; no obstante, el perdón será nuestra realidad final. Hoy podemos tomar decisiones que harán que el perdón por el que finalmente tengamos que atravesar sea mucho más viable.

Cuando alguien toma decisiones destructivas, es generalmente porque está sufriendo. Como he dicho una y otra vez, las personas heridas, herirán a otras personas. Cuando reconocemos esto, podemos invertir nuestra energía en una de dos direcciones.

La primera dirección es poder establecer límites apropiados. Esto no es para bloquear a las personas, sino para protegernos de las consecuencias de sus conductas hirientes que nos afectan a nosotros más que a ellos.

La otra dirección es intentar cambiar a esa persona, quien, por cierto, solo se tornará más y más difícil con cada intento de apretar la soga para controlarla. E incluso si tuvieras éxito, lo máximo que podrías lograr es controlar el comportamiento.

La mayoría de nosotros estaría de acuerdo en que es imposible cambiar a otra persona. Pero luego nos vemos en una situación en la que no hacerlo al parecer nos depara realidades demasiado duras de soportar… así que nos agotamos tratando de hacer lo imposible.

¿Qué *podemos* hacer? Aplicar límites.

Sé que sobre los límites se ha dicho mucho en otros libros y recursos. Pero incluso si somos estelares en aplicar ese consejo en algunos contextos, siempre parece haber una excepción en la que establecer límites parece imposible; y no ayudar a alguien que amamos parece cruel.

Lo sé porque lo he vivido.

Sin embargo, cuando no tracé los límites apropiados, con el tiempo esas relaciones terminaron sufriendo separaciones mucho mayores. Las relaciones que necesitan límites no mejorarán por sí solas.

Intentar cambiar a otra persona llevará a una frustración exasperante, tanto para ti como para la otra persona. Créeme, las personas que piensas que necesitan cambiar más terminarán cambiando menos cuando tus esfuerzos son mayores que los de ellos.

Creo que uno de los días más dolorosos de toda mi travesía con Art fue cuando tuve que dejar de trabajar en él. Yo estaba trabajando más fuerte en Art que lo que él trabajaba en sí mismo. Y eso se convirtió en parte del problema.

¿Por qué? ¿Debido al verdadero cambio de corazón? ¿Una transformación duradera? Si el otro individuo no lo procura de manera personal, nunca podrá continuar eligiendo mejores comportamientos por sí mismo. Y en el momento en que lo dejes salir de tu jaula de control, lejos de mejorar, empeorará. Y no solo empeorará él, sino también la situación y, lo que es aún más trágico, tú también.

Por favor, presta mucha atención a esa última declaración. Cuando vacías todos tus recursos emocionales, físicos, financieros o relacionales para ayudar a otra persona que no quiere que la ayuden, ese proceso te dejará cada vez menos saludable. Cuanto más permitas que sus acciones te cuesten, mayor será la deuda que con el tiempo tendrás que perdonar. Esta situación ya te ha costado bastante. Si sigues cediendo más y más, esta será la experiencia más fatigosa de tu vida. Al final, habrás agotado todo lo que tienes y te encontrarás llorando sobre una montaña de frustración, en el mejor de los casos, o en el peor terminarás devastado. Realmente uno de los momentos más desgarradores de la vida de cualquier persona es cuando tienes que entregar a un ser querido a las consecuencias de sus propias decisiones. Pero también es la única posibilidad de que alguno de los dos pueda mejorar. Y es la única oportunidad que tienes para mantenerte lo suficientemente saludable como para caminar por el sendero del perdón.

Aunque por lo general no soy una persona controladora, puedo ponerme en modo de rescate muy rápidamente. Sé que los expertos dicen que, cuando uno se enfrenta a momentos de conflicto, ansiedad o miedo extremos, las personas entran en modo de lucha, fuga o inmovilidad. Pienso que yo tengo un cuarto tipo de reacción: pierdo el juicio. Quiero decir, ¿cómo no perderlo, cuando percibo que un choque emocional de trenes está llegando a esta persona que quiero y ella simplemente está acostada en los rieles, ya sea perdida en un ensueño o viviendo en negación? No importa cuán fuerte se escuche el estruendo, no importa cuán rápido se apresure el desastre hacia ellos, no importa cuán absurdamente obvio sea que las consecuencias serán más que horrorosamente trágicas, ellos están sentados en los rieles de Ciudad Fantasía.

Yo soy la que está perdiendo la cabeza. Yo soy la que pierde el sueño. Soy yo quien salta desesperadamente, agita los brazos y banderas rojas, y hace todo lo posible para salvarla mientras esa persona está en una especie de estupor inconsciente donde no puede escucharme, o en un torbellino de orgullo donde se niega a escucharme...¡¿Cómo es posible que yo no intente tomar el control de la situación?!

Hace poco escribí esto en mi diario:

Cuando comparto el discernimiento bíblico con alguien que amo mucho, pero luego este se va y hace lo contrario, es exasperante. Mi sabiduría restringida en medio de tu caos produce una ansiedad extrema. Mi reacción final no es que yo sea dramática o demasiado emocional... ¡simplemente estoy tratando de salvarte la vida!

No obstante, es imposible salvar a alguien que no está de acuerdo en que necesita ser salvado. Incluso si lo saco de los rieles en este momento, mañana volverá a acostarse en ellos. Si tu corazón está más comprometido con el cambio que el de ellos, puedes retrasar el choque del tren, pero no podrás librarlo de este.

Y por lo que he experimentado, por mucho que saltes a los rieles para tratar de rescatarlo, es solo cuestión de tiempo antes de que el tren les pase por encima a ambos.

No digo eso a la ligera. Lo digo con amor, porque es verdad. Desearía con todo el corazón poder asegurarte de que puedes hacer lo suficiente para que un día esa persona cambie... para que dé lo suficiente... ame lo suficiente... perdone lo suficiente... suplique lo suficiente... hable lo suficiente... o controle lo suficiente. Pero no es cierto. El cambio solo puede suceder de adentro hacia afuera. El cambio verdaderamente sostenible y duradero tiene que provenir desde adentro de su propio corazón, no de la presión ejercida desde afuera hacia adentro.

Piensa en la reanimación cardiopulmonar (RCP). Ejercer presión desde afuera hacia adentro, puede bombear sangre temporalmente a través de las venas de una persona; pero esta no puede vivir en ese estado. Y tú tampoco puedes. Si su corazón no comienza a latir por sí solo, a la larga tienes que detener las compresiones. En ese momento, puedes ponerlo en manos de los profesionales, quienes pueden aplicar una descarga eléctrica a su corazón, y continuar intentando también con las compresiones torácicas. Pero en algún momento, incluso los mejores médicos y enfermeras lo saben, para que la persona se mantenga con vida el corazón tiene que latir solo.

Esto se cumple en un sentido físico, pero igual en un sentido relacional.

Ahora, esto no significa que no me siga ocupando de esa persona. Tampoco significa que los elimine por completo, para siempre. Pero sí significa que cambio mi rol y las características de mi labor. Quiero que se salven, pero no soy su Salvador. Quiero que mejoren, pero no puedo trabajar más duro que ellos. Ellos necesitan a Jesús. Necesitan autocontrol. Entonces, paso de los esfuerzos de control a los esfuerzos de compasión.

La compasión me permite amar a esa persona, identificarme con su dolor y reconocer su perspectiva de las cosas, incluso si no estoy de acuerdo con ella. Y todavía me permite hablar sobre una situación. Sin embargo, después de compartir mi sabiduría, mi consejo, mi discernimiento… tomo la decisión consciente de que, si se va y hace lo contrario, no intentar rescatarla de ninguna manera. Puedo llorar con esa persona. Me puedo alegrar con ella. Eso es bíblico. Romanos 12:15 da esas instrucciones exactas.

Pero llorar y alegrarse con la persona no significa tratar de tomar el control de sus decisiones y comportamientos fuera de control.

Podemos perdonarla. Pero no podemos controlarla. Y no debemos consentirla.

¿Cómo sabemos cuándo hemos pasado de llorar con ellos y tener una empatía sana a consentirlos? Podemos y debemos identificarnos con el dolor de un ser querido. Pero cuando consentimos un mal comportamiento continuo al racionalizar los efectos nocivos que este tiene sobre nosotros y fantaseamos con el día en que ellos finalmente vuelvan a sus cabales y nos consideren su héroe, estamos en un territorio peligroso. La mayoría de las veces, en lugar de ser héroes, somos cómplices que perpetúan su dolor y el nuestro al consentir la disfunción de sus vidas.

El término *consentir* a menudo se usa respecto a amigos y familiares que parecen perpetuar comportamientos adictivos en un ser querido al encubrir sus decisiones, rescatarlos de las consecuencias, y atenuar los problemas que causan. Pero el término también se puede usar para la forma en que tratamos a miembros de la familia cuyos comportamientos no son causados solo por una adicción, sino también por otros problemas que ellos se niegan a reconocer, y esperan que otros los acepten, y los asuman como algo normal.

Mi consejero, Jim Cress, plantea: «Estoy consintiendo a alguien cuando trabajo más arduamente en sus problemas que ellos mismos. Estoy consintiendo a alguien cuando le permito traspasar mis límites sin ninguna consecuencia. Consiento a una persona cuando salgo como fiador de su comportamiento poco saludable al defenderla, dar explicaciones por ella, mirar hacia el otro lado, ocultar, mentir por ella o guardar sus secretos. Consiento a alguien al culpar a otras personas o situaciones por su comportamiento poco saludable o irresponsable».

Recuerda, el perdón no debe ser una puerta abierta para que las personas se aprovechen de nosotros. El perdón libera nuestra necesidad de tomar represalias, no nuestra necesidad de mantener límites.

Si es cierto que las acciones de otras personas nos afectan, nosotros no somos responsables de sus acciones. Sin embargo, somos

EL PERDÓN

libera nuestra

necesidad de tomar

REPRESALIAS,

no nuestra

necesidad de

mantener

LÍMITES.

responsables tanto de nuestras acciones como de nuestras reacciones. Por lo tanto, debemos asegurarnos de ser sinceros sobre el efecto que otra persona está produciendo en nosotros; y estar cerca de ellos según nuestras reacciones y acciones estén preparadas para lidiar con la situación.

Aunque pueda parecer contradictorio, este es el amor bíblico, y cuando miramos el contexto de los versículos de Romanos 12:15, encontramos ese hermoso equilibrio. Lee Romanos 12:9-21 a continuación, y piensa en lo que te mantiene en tu lugar para vivir de esta manera, así como lo que te lleva más allá de tu capacidad espiritual para hacer lo que estos versículos nos indican que hagamos. Consigue un papel o tu diario y escribe las frases que crees que apoyen la idea de que trazar límites podría ayudarte a vivir de manera más consistente.

El amor debe ser sincero. Aborrezcan el mal; aférrense al bien. Ámense los unos a los otros con amor fraternal, respetándose y honrándose mutuamente. Nunca dejen de ser diligentes; antes bien, sirvan al Señor con el fervor que da el Espíritu. Alégrense en la esperanza, muestren paciencia en el sufrimiento, perseveren en la oración. Ayuden a los hermanos necesitados. Practiquen la hospitalidad.

Bendigan a quienes los persigan; bendigan y no maldigan. Alégrense con los que están alegres; lloren con los que lloran. Vivan en armonía los unos con los otros. No sean arrogantes, sino háganse solidarios con los humildes. No se crean los únicos que saben. No paguen a nadie mal por mal. Procuren hacer lo bueno delante de todos. Si es posible, y en cuanto dependa de ustedes, vivan en paz con todos. No tomen venganza, hermanos

míos, sino dejen el castigo en las manos de Dios, porque está

escrito: «Mía es la venganza; yo pagaré», dice el Señor.

Antes bien,

«Si tu enemigo tiene hambre, dale de comer; si

tiene sed, dale de beber. Actuando así, harás

que se avergüence de su conducta».

No te dejes vencer por el mal; al contrario,

vence el mal con el bien.

Recuerda, estamos trabajando por mantener nuestra compasión por los demás sin caer en reacciones descontroladas a las acciones descontroladas de ellos.

Sé que esto es difícil. Esto es algo que estoy aprendiendo a hacer junto a ti. Y parece que cuando creo que estoy progresando, tendré una recaída. En este momento tengo sobre mi tocador dos bolsitas del tamaño de un galón repletas de papeles hechos pedazos. ¿Por qué? Me alegra que hayas preguntado. Aquí puedes insertar todas las maneras de sonrojarse y encogerse de mi parte. En lugar de hacer todo lo que estoy enseñando en este capítulo, recientemente ocurrió una situación en la que perdí los estribos.

Un día a mi correo llegaron algunos documentos importantes. En defensa propia, mi nombre estaba incluido en el sobre. Pero cuando abrí el sobre y comencé a leer el contenido, mi presión arterial se disparó. Alguien de los míos estaba dando pasos respecto a algo con lo que yo no estaba de acuerdo. Ya le había expresado rotundamente mis muchas razones para rechazar esta idea. No podía creer que no me estuvieran escuchando. Estaba cansada de mantener firmes los límites que había establecido. En retrospectiva, yo debía simplemente haberle recordado a mi familiar mi límite de no rescatarlos financieramente si esta decisión que estaban tomando resultara ser tan perjudicial como pensé que sería.

Mi familiar sabe que Art y yo tenemos límites financieros. Seremos generosos con las vacaciones y los regalos. Pero no daremos dinero para aliviar la carga de una compra o decisión irresponsable que ellos hayan tomado. Estaba tan fuera de quicio y desconcertada que lo único que deseaba hacer era romper los papeles en tantos pedazos como pudiera. Y así lo hice.

Me paré allí en mi cocina y lentamente los rompí en diferentes direcciones. Y cuando no me quedó ningún papel por romper, pensé que no era suficiente. También rompí las carpetas que los contenían; así como los sobres de correo. En silencio metí todo lo que rompí en bolsitas y las coloqué en el tocador con una nota que decía: «Esta es mi respuesta en cuanto a esta situación».

En ese momento me sentí estupenda. Pero a la mañana siguiente me desperté y pensé: *¿En serio, Lysa? ¡¿En serio?!* Todo lo que mi familiar respondió fue: «Vaya, tremenda declaración». Ahora era yo quien necesitaba disculparse y encontrar una manera de decirle a la compañía que necesitaban reenviar los documentos que yo accidentalmente, a propósito, en un momento de locura, había destrozado. Y cuando lo hice, la señora que trabajaba en esa compañía me dijo que había leído recientemente uno de mis libros. Perfecto. Maravilloso. ¡Uf!

Controlarnos a nosotros mismos no puede depender de nuestros esfuerzos por controlar a los demás.

Sé que he ampliado con creces mi capacidad cuando paso de palabras tranquilas a diatribas alteradas.

Paso de bendición a maldición. Paso de la paz al caos. Paso de discutir sobre los documentos y recordarles mis límites a romperlos en pedazos y echarlos en bolsitas. Paso de confiar en Dios a tratar de arreglarlo todo por mi cuenta. Y ninguna de esas reacciones lleva a permanecer compasivo o perdonador.

La compasión es clave para el perdón. Mientras intentes controlar a una persona, no podrás perdonarla de verdad. Parte de esto se debe a que continúas exponiéndote a frustraciones en tiempo real que anulan el proceso de perdón. La otra razón es que sin límites las malas elecciones continuas de ellos arruinarán tu capacidad espiritual de sentir una compasión continua.

Sin mencionar el hecho de que en algún momento te sentirás tan exhausto y agotado que perderás tu autocontrol debido a la condición extremadamente fuera de control de ellos. Sacrificarás tu paz en el altar de su caos. ¡Pronto serás arrastrado a una urgencia desesperada de hacer que se detengan! ¡Ahora! ¡En este instante! Y todos sabemos que los actos de desesperación van de la mano con la degradación. Me estoy predicando a mí misma porque, en momentos de absoluta frustración y agotamiento, cuando no mantengo los límites apropiados, tengo la tendencia a devaluar quién realmente soy. Los límites no son para alejar a los demás; son para conservarme.

De lo contrario, devaluaré mi gentileza a palabras de ira y resentimiento. Devaluaré mi progreso respecto al perdón y me llenaré de amargura. Devaluaré mis palabras de sinceridad a palabras frustradas de ira, agresión o comentarios desagradables. Devaluaré mi actitud de reconciliación a los actos de represalia… no porque no sea una buena persona, sino porque no soy una persona que mantiene los límites apropiados.

Los límites son cien por ciento decisión mía, no de ellos. Por lo tanto, un lugar mucho más saludable para ejercer mi energía es con las decisiones que puedo tomar para mantenerme saludable mientras que al mismo tiempo permanezco disponible para ofrecer tanta compasión como mi capacidad espiritual me lo permita. Y permanecer humilde ante el Señor, pidiéndole que me haga crecer y madurar para que mi capacidad espiritual siga en aumento.

Entonces, ¿cómo llevamos esto a la práctica? Recuerda, debido a que estamos hablando de la compasión que se ofrece en medio de las dificultades de una relación, esto no va a arreglar las cosas de repente. Tampoco significa que la persona con la que estamos trazando un límite se pondrá repentinamente de nuestro lado y dejará de hacer lo que hemos expresado que es una gran preocupación nuestra. Y las partes involucradas tampoco verán estos límites como hermosas añadiduras a nuestro panorama de relaciones. No obstante, en aras del progreso, a continuación mostramos algunas buenas preguntas a considerar:

* ¿Qué tipo de persona quiero ser, no solo en esta relación, sino en todas mis relaciones?
* ¿Qué necesito hacer en esta relación para mantener coherencia en mi carácter, conducta y comunicación?
* ¿Cuáles son algunas áreas de mi vida donde mis capacidades son más limitadas? (Por ejemplo: en mi trabajo, en la crianza de los hijos, durante las vacaciones, etc.).
* Con base en la evaluación realista sobre mis capacidades, ¿cómo amenaza esta relación con extender por mucho lo que puedo dar de manera realista e incluso generosa?
* ¿Me siento libre en esta relación de comunicar lo que puedo y no puedo dar, sin temor a ser castigado o rechazado?
* ¿Cuáles son algunas restricciones realistas que puedo implantar a fin de reducir el acceso de esta persona a mis recursos emocionales o físicos más limitados?
* ¿A qué hora del día es más *saludable* para mí interactuar con esta persona?
* ¿A qué hora del día es el momento *menos saludable* para interactuar con esta persona?
* ¿De qué manera el comportamiento impredecible de esta persona afecta negativamente mi confianza en mis otras relaciones?
* ¿De qué manera estoy sufriendo las consecuencias de sus decisiones más que ellos mismos?

- ¿Cuáles son sus expectativas más realistas y menos realistas de mí? ¿Cuáles son mis expectativas más realistas y menos realistas de ellos?
- ¿Qué límites necesito establecer?

Al considerar estas preguntas, podría resultarte útil procesarlas con un mentor piadoso y de confianza o con un consejero cristiano. Estas preguntas a tener en cuenta no son para complicar aún más tu dinámica relacional; por el contrario, su propósito es ayudar a identificar dónde estamos bailando con la disfunción. Las realidades tóxicas en las relaciones no se someterán por sí solas. No podemos ignorarlas por el bien de nuestra salud. Tampoco podemos acosarlas para que lleguen a una mejor posición. Tenemos que ser honestos sobre las adversidades que complican y probablemente evitan el tipo de salud que no solo deseamos, sino que necesitamos para que algunas de nuestras relaciones sobrevivan.

Sinceramente, es hora de que capacitemos a algunas personas sobre cómo tratarnos. Por favor, no veas esto como algo muy duro. Si estás en una situación abusiva, esto no tiene la intención de hacerte pensar que fuiste tú quien dio lugar a eso. Y si has sufrido un trauma emocional en una relación, esto no significa que podrías haber hecho algo mejor para evitarlo. Pero sí es importante que todos sepamos que, mientras seguimos adelante, podemos expresar claramente lo que es y no es aceptable en el contexto de las relaciones.

Reitero, con todo esto me estoy desafiando a mí misma y pidiéndote que me ayudes a rendir cuentas tanto como te lo estoy pidiendo a ti. Pero, querido lector, recordemos que lo que permitimos es lo que viviremos. No quiero que vivamos algo que no sea bíblico o que sea imposible de soportar. Tal vez sea hora de volver a capacitar a algunas personas en nuestras vidas con límites claramente establecidos, implementados con gracia y mantenidos con constancia.

Es por el bien de tu cordura que trazas los límites necesarios.

Es por el bien de la estabilidad que mantienes la constancia en esos límites.

Sin embargo, recuerda siempre que, a medida que crecemos en Cristo, nuestra capacidad de compasión debe ser propensa a extenderse. Por lo tanto, es por esa madurez que le pides al Señor que te ayude a revaluar esos límites.

Recuerda, a medida que crecemos y maduramos, nuestros límites a veces pueden variar. Tal vez la relación se torna más saludable. O tal vez tu capacidad espiritual hace posible que esta persona tenga más acceso a tu compasión. O tal vez el perdón ha hecho una obra tan hermosa que cada vez se necesitan menos restricciones para lograr una mayor reconciliación. Reitero, evaluar esto con un consejero de confianza ayudará a que esta sea una decisión práctica basada en la salud y bañada en oración, no una respuesta emocional que se tome a la ligera.

Establecer límites saludables es por el bien de la libertad y el crecimiento, y por el restablecimiento de hábitos relacionales saludables para todas las partes involucradas. Repito, no es para mantener a la otra persona alejada; es para ayudar a mantener tu bienestar. Y es lo que te permite seguir amando a esa persona y tratarla con respeto.

Esta es la atmósfera que necesitas para salvar una relación que requiere perdonar setenta veces siete, sin que abusen de tu gracia ni te rompan el corazón.

> Es por el bien de tu cordura que trazas los límites necesarios. Es por el bien de la estabilidad que mantienes la constancia en esos límites.

Al establecer límites ten en cuenta lo siguiente.

- Mi consejero plantea: «Los adultos informan, los niños explican». Expondré mis límites con compasión y claridad. Pero no negociaré excusas ni abordaré las excepciones con largas explicaciones que me desgastan emocionalmente.

- Puedo silenciar la cuenta de redes sociales de alguien que desencadena reacciones poco saludables en mí cuando las veo. Este puede ser un mejor primer paso que no darle seguimiento... pero si dejar de seguirlos es más apropiado, entonces puedo tomar esa decisión.

- No ocultaré mentiras ni ayudaré a otra persona a encubrir sus malos comportamientos. Informaré con claridad cuáles son mis parámetros en torno a este tipo de comportamiento que reduce mi capacidad de confiar.

- Puedo decir que no. No debo confundir el mandamiento de amar con la enfermedad de complacer.

- Puedo ser honesto sobre lo que puedo y no puedo dar. Expresar la realidad de mis capacidades no me hace una mala persona. La disfunción reduce mi capacidad en todas las áreas. Los límites aumentan mi capacidad de funcionar con más regularidad dentro de las capacidades que poseo.

- Cuando percibo que sus acciones tienen un impacto negativo constante en mi estado de ánimo y reacciones, puedo reducir el acceso de esas personas a mis emociones más vulnerables y recursos limitados. Esto no lo hago solo por mí; lo hago también por las otras personas que tienen un lugar en mi vida. Es injusto que alguien que no respete mis límites me haga caer constantemente en un caos, y me ponga en riesgo de desquitarme con otros.

- Puedo decidir no entablar conversaciones que fomenten la espiral emocional. Procesar la situación con un grupo pequeño de consejeros de confianza puede ser saludable. Procesarlos con cualquiera que solo quiera los detalles sensacionalistas es calumnia, y me llevará al foso de los chismes.
- No voy a desmoronarme si, al establecer los límites, la otra persona me acusa de malas intenciones. En cambio, puedo decir con firmeza: «Por favor, escúchame decirlo con amor. Yo respetaré tus decisiones, pero necesito que respetes las mías. Expresar mis límites no me hace controlador ni manipulador; solo estoy aportando sabiduría a una situación complicada».

Al culminar este capítulo, deseo reiterar que esto no es fácil… pero *es* posible. Ora por la porción de este capítulo que piensas que es para ti hoy. Asegúrate de no sentirte abrumado, sino más bien empoderado mientras procuras una forma más saludable de vivir y amar. Y yo también.

Podemos hacerlo. Señala este capítulo para regresar a él cada vez que comiences a sentir que estás recayendo en el caos relacional. En esta travesía tendrás altibajos. Pero mientras busquemos lo mejor de Dios y mantengamos nuestros corazones amables, nuestras intenciones puras y nuestros límites en su lugar, encontraremos nuestro camino.

PORQUE

pensaron

QUE DIOS
LOS SALVARÍA

¿DÓNDE ESTABA DIOS cuando esto sucedió? Y si Él es todo poderoso, ¿por qué no lo impidió? Él podría cambiar esto hoy... Podría arreglarlo ahora mismo... Podría hacer un milagro... Entonces, ¿por qué no lo hace?

Durante la etapa en que estuvimos en el «túnel del caos», le hice cientos de sugerencias a Dios sobre cómo Él podía arreglar todo lo que estaba mal. Pero Dios no intervino como yo pensaba que lo haría. Seguía imaginando todas las formas en que Dios podía detenerlo todo: el dolor, la destrucción trágica, el daño que seguía agravándose día a día. Oré y oré. Luego de orar me levantaba y observaba con gran expectativa destellos de esperanza y pequeñas evidencias de seguridad. Seguí armando escenarios perfectos para que Dios se moviera.

Y con toda seguridad, si veía a Dios hacer lo que pensaba que debía hacer: rescatar y restaurar; entonces yo haría lo que me estaba pidiendo que hiciera: perdonar. Yo no diría que estaba intentando negociar con Dios... pero definitivamente pensé que ambos teníamos un papel que jugar.

Estaba conteniendo la respiración, en espera de un cambio glorioso donde finalmente pudiera exhalar aliviada. Día tras día oré, velé, creí, lloré, caí exhausta en la cama, oré un poco más, soñé con días mejores y ahuyenté todas las visiones del peor de los casos que surgían de mi mente cada vez que me intentaba dormir.

No obstante, mientras menos evidencia tangible veía que Dios interviniera respecto a Art, más invisible y desoída me sentía. Cuanto más invisible y desoída me sentía, más se desmoronaba mi trato con Dios. «Dios, si no vas a hacer tu parte, ¿cómo puedes esperar que yo haga la mía?».

Declaraciones cristianas como: «Sé que Dios te lleva en Sus brazos. Él está peleando esta batalla por ti. Él está obrando para bien incluso en medio de esto», comenzaron a sentirse como palabras buenas para carteles que se cuelgan en las iglesias, o como puntos para sermones, o memes para Instagram, pero no promesas reales para el dolor real.

Aquellas oraciones que solían llenar las páginas de mi diario se redujeron a una pregunta: *¿Por qué?*

Las canciones de alabanza que solía cantar con enérgica seguridad y brazos levantados ahora no eran más que simples susurros. Apenas podía obligarme a mover los labios.

La palabra *esperanza* siempre ha sido una de mis perspectivas espirituales absolutamente favoritas. Me gustaba tanto que, en el momento en que nació mi primer bebé, declaré que ese era su nombre. Me encanta lo que significa esta palabra. Me encanta como nos ayuda a mantenernos firmes.

La Real Academia Española define esperanza como: «Estado de ánimo que surge cuando se presenta como alcanzable lo que se desea».[1] ¿Pero alguna vez has escuchado a alguien decir que solo está tratando de «mantener viva la esperanza»? Se parece más a un paciente con apoyo vital que a una promesa en espera. Cuanto más sentía que la esperanza era un riesgo en lugar de una seguridad, más temor me daba la palabra en lugar de brindarme consuelo.

Afirmar que yo tenía esperanza parecía como si estuviera arriesgando algo en nombre de Dios que podría hacernos lucir a ambos increíblemente tontos. No me atrevería a decirlo de modo terminante. Sin embargo, cuando estás viviendo una historia que no tiene ningún sentido humano, el miedo parece ser el comentario interno más racional de todos. Por lo tanto, «esperar» significaba sufrir aún más con cada momento que transcurría sin cambio alguno.

Ya no quería tener esperanza en mi situación con Art. Y mientras más perdía la esperanza, más me resistía al perdón. Tal vez sea porque consideré que el perdón era equivalente a seguir adelante. Pero

¿cómo seguir adelante cuando no tienes ni idea de qué dirección te lleva adelante? *¿Avanzo hacia el perdón y la sanidad que dará como resultado que al final estemos juntos? ¿O avanzo hacia el perdón y la sanidad sin Art? ¿Por qué Dios no está aclarando esto? ¿Por qué Dios no detiene esta situación desenfrenada? ¿De qué sirve seguir esperando?*

Con todo y eso, decir que estaba perdiendo la esperanza sonaba como si no tuviera fe. Era un tira y afloja sin salida que la mejor frase para describirlo es: «Sin comentarios». O mejor aún, sencillamente evitar conversaciones donde al seguro surgirían preguntas.

Las invitaciones que personas amables y generosas me hicieron con la idea de pasar tiempo conmigo me parecían horriblemente amenazadoras. No estaba segura de lo que podría decir que en definitiva no fuera compatible con quién sabía que yo era; o al menos con quien fui alguna una vez.

Mi personalidad tiene algo extraño y es que no siempre puedo determinar de inmediato lo que estoy sintiendo exactamente. Es un sentimiento positivo o negativo, pero lo que siento con exactitud es difícil de identificar. E incluso cuando de todas las emociones disponibles me doy cuenta cuál estoy sintiendo, entonces tengo que trabajar para descubrir el problema correcto que constituye la causa. No obstante, en esta situación, todo parecía negativo y directamente vinculado con Art. Mi vida parecía ir sobre ruedas, atada a decisiones que se dirigían a un abismo del que muy pocos regresan. Allí estaba yo, corriendo al lado del desastre en gestación, intentando esperar lo mejor, orar por lo mejor, aferrarme a una vida que amaba y que pasaba a toda velocidad por mi lado; y simplemente ser arrojada al asfalto, ensangrentada y magullada.

Todo dolía. Todo parecía imposible.

Incluso las decisiones cotidianas sobre asuntos triviales se volvieron abrumadoramente complicadas. Qué ponerme y qué comer parecía tan trivial y agotador al mismo tiempo. Comencé a ignorar los mensajes de texto, los correos electrónicos y las llamadas telefónicas, y, a menos que fuera absolutamente necesario, dejé de ir a lugares sencillos como la tienda de comestibles o la farmacia. E incluso entonces, tenía tanto miedo de que alguien me conociera y deseara hablar conmigo, que a menudo nunca llegaba a entrar en la tienda para comprar lo que necesitaba.

Estaba completamente perdida dentro de mi propia vida. Podría estar completamente desesperada por llegar a casa, y pasarme del camino de entrada sin notar en lo más mínimo que allí era donde necesitaba girar. Y ten en cuenta que he vivido en la misma casa, y en la misma calle durante más de veintisiete años.

Dios podía ver todo esto. Dios podía ver mi dolor, desilusión, confusión absoluta y necesidad desesperada de ayuda. Yo creía firmemente en Él; pero eso se convirtió en parte del problema, ya que como lo había visto hacer cosas poderosas en mi vida antes, cosas milagrosas, tenía evidencia asombrosa de Su fidelidad.

Entonces, ¿por qué cada petición que hacía respecto a mi matrimonio parecía llegar a oídos sordos?

En particular fue exasperante cuando sentí que había hecho todo lo posible para preparar completamente la escena para que Dios se moviera. Recuerdo que un sábado por la mañana, Art estuvo de acuerdo en ir conmigo a un servicio de oración. Me sorprendió que él accediera a ir y sentí una inusual oleada de esperanza en mi corazón. Ahora mismo puedo ver todo en mi mente, tan claro como si reprodujeran ese día en una pantalla de cine. Cuando hay una emoción extrema ligada a un recuerdo específico, puedo recordar los detalles más extraños y precisos.

Recuerdo la tela texturizada de los asientos grises en el santuario.

Recuerdo a Art adorando con las manos levantadas. Lloré. Solo sabía que Dios estaba haciendo algo. El pastor nos dio un mensaje corto y luego nos indicó que fuéramos hasta la plataforma y recogiéramos algunas tarjetas para orar por los demás, a la vez que orábamos por situaciones en nuestras propias vidas. Música suave y oraciones susurradas llenaban la atmósfera. La mayoría caminaba mientras oraba. Algunos se sentaban en sus asientos. Algunos oraban en grupos pequeños.

Dudé antes de pararme, esperando que Art quisiera orar conmigo. Pero después de varios minutos de que él no mostrara esta iniciativa, decidí levantarme de mi asiento y caminar al frente. Había tarjetas de oración blancas colocadas en el borde de la plataforma. Cuando caminé hacia adelante para tomar una tarjeta, vi que estaba escrita con tinta roja. La había redactado un hombre en prisión. Quería que oraran por su hijo. Mi segunda tarjeta era de otro hombre en esa misma prisión. Y también fue el caso de mi tercera tarjeta. Aunque al parecer yo no tenía nada en común con los hombres tras las rejas, sabía exactamente lo que se sentía cuando se está atrapado y somos incapaces de escapar.

Caminé de regreso por el pasillo y doblé por la parte de atrás, orando, pero también observando a Art. ¿Estaba él orando? ¿Estaba llorando? ¿Estaba Dios moviendo su corazón, cambiando su mente, respondiendo al fin mis oraciones?

No podría decirlo. Entonces me sentí extraña por observarlo. Tal vez no debería intentar ver suceder el milagro. Miré hacia abajo y prometí dejar que Dios actuara. Estaba tan segura de que este era el día en que todo cambiaría. *Por favor, Dios, haz que esto ocurra.*

El servicio de oración terminó con una hermosa oración colectiva y una canción de alabanza como despedida. Observé a la gente salir de la iglesia. Sé que no todos tenían sonrisas y alegría en el rostro, pero sentí que los celos me apuñaleaban. Ellos regresaban a una especie de normalidad que yo solía poseer. Imperfecta, sí. Pero mucho más predecible que traumática. No tuve que hacerle preguntas a Art para saber que el milagro no había ocurrido. Lo pude sentir.

Salimos a desayunar. Apenas pude tragarme algunos huevos a la fuerza. Algo invisible me apretaba la garganta con tanta tensión emocional que sabía que si lo que frenaba mis lágrimas cedía, tal vez esas lágrimas nunca tendrían fin. Más tarde en la noche estaba en posición fetal. Una de mis mejores amigas estaba allí recordándome que respirara.

Dentro de mi mente, le expresé a Dios que ya no podía creer algo tan imposible.

Confié en Él para que me ayudara a sobrevivir. ¿Pero, realmente dar vida a algo así tan muerto? Estaba demasiado cansada y traumatizada por lo que ya no podía ver como para tener esperanzas más allá de lo obvio.

Yo seguía pensando que lo menos que Dios podía hacer era decirme en qué dirección se debían mover mis esperanzas; ya fuere que con el tiempo sanaríamos juntos o que tenía que continuar adelante sin Art. Esas dos versiones de la sanidad parecían ser muy diferentes. Esas dos historias de perdón parecían ser muy diferentes. No sé cómo plantear esto, pero creo que hay que decirlo. Sentí que estaba trabajando tan duro para mantener mi corazón en un buen lugar, un lugar de perdón, un lugar esperanzador, que casi decidí que sería más fácil dejar que la amargura se abriera paso en mi corazón. Al parecer, la recompensa del perdón no estaba allí como esperaba.

Cuando nuestras circunstancias no cambian como creíamos que ocurriría, estos sentimientos de desilusión que quedan sin ser abordados comienzan a parecer hechos sobre Dios. En mi último libro, *No debería ser así*, abordé una situación en la que el dolor físico me llevó a este punto de preguntarme cómo un Dios bueno podría verme sufrir y no hacer nada al respecto. Pero luego, cuando diagnosticaron finalmente el dolor y lo corrigieron mediante cirugía, aprendí que Dios nos ama demasiado como para responder nuestras oraciones en cualquier otro momento que no sea el momento justo.

Estas palabras aún me las recuerdo con frecuencia.

Sin embargo, ¿qué hago cuando el dolor es emocional y aparentemente interminable? ¿Con quién rayos procesamos este tipo de sentimientos? ¿Y qué haces cuando sabes que necesitas a Dios, pero confiar en Él parece tremendamente arriesgado?

No son solo tus sentimientos hacia Él los que parecen estar en un estado precario. Tu mayor preocupación es, ¿qué dice esta oración no contestada por este dolor interminable sobre los sentimientos de Dios hacia ti?

En el 2015, el *New York Times* publicó un artículo llamado "Googling for God" [Googlear en cuanto a Dios].[2] En este artículo, el autor Seth Stephens-Davidowitz comienza su artículo de la siguiente manera: «Ha sido una mala década para Dios, al menos hasta ahora». Y continúa para luego preguntar: «¿Qué preguntas tiene la gente cuando cuestionan a Dios?». Stephens-Davidowitz señala que la pregunta número uno es: «¿Quién creó a Dios?». La pregunta número dos fue: «¿Por qué Dios permite el sufrimiento?». Sin embargo, fue la tercera pregunta la que consternó mi corazón; hizo que me diera cuenta de la profundidad a la que muchos de nosotros luchamos cuando atravesamos situaciones devastadoras: «¿Por qué Dios me odia?».No soy la única que se pregunta sobre los sentimientos de Dios cuando las circunstancias me suplican que me sienta traicionada. Si bien yo nunca hubiera usado la palabra *odio*, verla escrita como una de las preguntas más frecuentes sobre Dios me muestra cuán oscura puede tornarse nuestra perspectiva. La crisis espiritual más devastadora no es cuando nos preguntamos por qué Dios no está haciendo algo; más bien, es cuando nos convencemos por completo de que a Él ya no le importa. Y eso es lo que escucho escondido detrás de esas búsquedas en Google.

Y al decirlo me estremezco, pero creo que eso es lo que también se escondía detrás de mi propia desilusión. Lo que hace que la fe se desmorone no es la duda; es llegar a estar demasiado seguro de las cosas equivocadas. Cosas como: el perdón no importa. No vale la pena. No es momento para ese tipo de obediencia. Dios no se mueve. Lo que veo es una prueba absoluta de que Dios no está obrando.

Es entonces cuando puedo ver que me pongo cada vez más escéptica en cuanto al amor de Dios, la provisión de Dios, la protección de Dios, las instrucciones de Dios y la fidelidad de Dios. Y sobre todo, cuando empiezo a temer que Él en verdad no tiene ningún plan, y en realidad seré víctima de circunstancias que están fuera del control de todos.

> Lo que hace que la fe se desmorone no es la duda; es llegar a estar demasiado seguro de las cosas equivocadas.

El problema con esa idea es que, si bien puede alinearse con lo que observo en mi vida desde mi situación de dolor y confusión, no se alinea con la verdad. Y antes de que todo en mi vida se virara de cabeza, ya había clavado una estaca en el terreno de que la Palabra de Dios es a donde volvería una y otra vez independientemente de lo que ocurriera.

Podría resistirme a esto. Podría huir de esto. Podría, con amarga resignación, colocar mi Biblia en un estante para que se llenara de polvo durante años. Pero no podría escapar de lo que ya estaba enterrado en lo profundo de mi corazón. Sabía en este profundo lugar de conocimientos que lo que veía no era todo lo que estaba sucediendo. Las etapas pasadas en las que he comprobado la fidelidad de Dios me recuerdan que no siempre veo a Dios obrando en medio de mis días difíciles.

En mi vida, algunas veces he sido testigo de actos dramáticos de Dios que ocurren lo suficientemente rápido como para que yo exclame: «¡Vaya, mira lo que Dios está haciendo!». Pero la mayoría de las veces son miles de pequeños movimientos tan leves que la cotidianidad de Su obra no se manifiesta en tiempo real.

Al mirar atrás, a todos los años en que continuaba pensando que no ocurría nada con Art, veo los elementos de un milagro muy lento. Dios estaba interviniendo, entretejiendo y obrando, pero mis ojos humanos no lo captaban.

Un domingo, dos años después de comenzada la contienda, me desperté temprano. Tronaba tan fuerte que la casa se estremecía. Estaba muy sola. Llovía a cántaros. Yo miraba fijamente a través de la ventana. No tenía la energía para luchar contra toda la resistencia: la lluvia, el sufrimiento, ir sola a la iglesia y la sensación de que las preguntas de la gente me rondaban con un peso similar al de las nubes grises afuera.

Sin embargo, mientras estaba sentada allí pensando en los resultados de quedarme en casa contra los resultados de ir a la iglesia, llegué a la conclusión de que tenía que superar la tormenta y llegar a donde me recordaran que Dios es fiel. Cuando la frase «Dios me ama» se siente como una pregunta punzante en lugar de un hecho alentador, he aprendido que debo ir a donde me recuerden que el hoy no es la historia completa. Hoy es parte de la historia, pero no la historia completa.

Ese domingo era un día tormentoso, perfecto para no salir de casa.

Pero también era el día de reposo, perfecto para ir a donde pudiera recordar la fidelidad de Dios.

Ambas cosas.

La manera en que decidí mirar ese día determinaría no solo lo que hice, sino aún más importante, lo que vi. Podría quedarme aislada en casa contemplando la tormenta; o podría estar escuchando la verdad de Dios que enseñaban en el templo. Ambas eran realidades ese día; no obstante, a la que le prestara más atención era la que influiría en mi perspectiva ese día.

Era mi decisión.

Y lo mismo se cumplía con la forma en que veía si Dios estaba respondiendo o no a mis oraciones.

Podría ver todo lo que Dios no estaba haciendo, y llegar a la conclusión de que Él no es fiel.

O bien, podría llegar a la conclusión de que Dios es fiel, por lo que si Él permite lo que estoy viendo, de alguna manera está entretejiendo un plan mucho más grande.

Ahora, reconozco de todo corazón que lo que está justo delante de ti quizás no se parezca en nada a la oración contestada que tú tenías en mente. Tengo una amiga cuya hija está en cuidados intensivos. Tengo otra amiga que acaba de firmar su divorcio. Y otra que está luchando con tanta ansiedad en este momento, que siente que no puede salir de su casa.

No entiendo cómo algo de esto pueda ser correcto, justo o bueno. Y estas cosas me ponen sumamente triste, sumamente desconsolada por ese dolor, y si soy honesta mis dudas se incrementan. Deseo afirmar que aquí es donde mi fe se activa, mis músculos espirituales se flexionan grandes y fuertes, y un confiado grito de guerra explota desde lo más profundo de mi ser: «¡Estoy segura de que Dios sanará a tu hija de manera total y completa!». «¡Estoy absolutamente segura de que Dios hará que tu esposo rompa con su amante y regrese a casa siendo mejor que nunca!». «¡Declaro el nombre de Jesús sobre tu ansiedad y exijo que desaparezca y que tu paz y gozo sean restablecidos!». He visto a Dios hacer todo eso antes. Pero también he visto muchas circunstancias en las que no salen del coma, el esposo nunca regresa a casa, y la enfermedad se queda.

Y en lugar de un grito de guerra audaz y lleno de fe, me pueden encontrar acurrucada en mi cama, dando un grito horrible a todo pulmón.

Todas esas situaciones parecen etapas cuando estamos a la espera de ver a Dios moverse. Como si Dios nos tuviera en una especie de cola, esperando hasta que pueda atendernos. Cuán exasperante es aguardar a que un técnico de servicio finalmente llegue cuando llamo a un número 1-800; pero al menos ellos tienen una grabación automatizada que me dice cuánto durará la espera. Cuando sé que la ayuda llegará en treinta minutos, veinte minutos, en los próximos cinco minutos, yo resisto. Pero con Dios, al principio solo parece misterioso, y luego cruel; cuando pasan largos períodos de tiempo y las cosas pueden incluso empeorar, en lugar de mejorar.

Sin embargo, Dios no está ajeno a lo que está sucediendo. No tienes que esperar a que Él levante el teléfono para que se entere del problema. Yo no sé lo que está haciendo. Y no sé cómo y cuándo comenzaremos a verlo actuar. Pero sí sé que Su silencio no es prueba de Su ausencia. Y mi percepción quebrantada no es evidencia de Su promesa quebrantada.

Si me hubieras preguntado cómo me sentía aquel día, contemplando la tormenta, habría respondido algo como: «Estoy esperando con desesperación que Dios se muestre fielmente y haga lo que solo Él puede hacer en este momento. Me encuentro en ese lugar difícil e intermedio donde honestamente estoy cansada de esperar y mis esperanzas se agotan».

Escondida detrás de toda esa extenuación había una muchacha atrapada en mucho sufrimiento, cuya percepción de Dios se alimentaba más de su dolor que de sus experiencias pasadas con ese Dios que conocía. Si intentamos sacar conclusiones del pozo de nuestro dolor profundo, solo podremos beber la tristeza de hoy. Sin embargo, si sacamos fuerzas del pozo profundo de las promesas de Dios para el mañana, y de Su fidelidad hacia nosotros en el pasado, Su agua viva es la sustancia que filtrará vida a nuestras almas secas y cansadas.

En lugar de sacar conclusiones hoy, traza al menos una línea a partir de una situación pasada en la que puedas mirar atrás y ver evidencia de Su fidelidad. Y si la aflicción es demasiado fuerte que no te permite mirar atrás, considera que Dios puso este libro en tus manos hoy como un salvavidas de esperanza. Y si tienes demasiado miedo de atreverte a echar una ojeada furtiva a la esperanza de mañana por las promesas de Dios, hay una palabra más que quiero darte. *Resurrección*. Quédate conmigo algunos párrafos más.

La definición de *esperanza* que da la RAE no es la única definición de *esperanza*. Esperanza es el eco de la eternidad que nos asegura que hay una resurrección por delante. La fe es creer que ya sea que lo veamos en la tierra o en el cielo, Dios llevará al mundo de regreso a la descripción de Su diseño original: «Esto era bueno». La perfección del Edén no se acabó simplemente; también está en proceso de regresar.

El SILENCIO

de Dios no es

prueba de Su

AUSENCIA.

En palabras de mi consejero Jim Cress: «La esperanza es la melodía del futuro. La fe es bailar con esa melodía en el presente».

¿No es esa una de las citas más hermosas que hayas escuchado? Creo con toda firmeza que la esperanza es la melodía del bien que está por llegar. Creo con toda firmeza que la fe es bailar con esa melodía en el presente. Y creo con toda firmeza que el perdón, incluso en medio de todas las incógnitas, es la forma en que nos mantenemos en sintonía con el latido del corazón de Dios. Cuanto más perdonamos, más seguridad tenemos de estar en sintonía con Dios, sin importar en qué dirección marche nuestra vida.

Creo que eso era lo que me faltó cuando me negaba a perdonar hasta saber cómo iban a salir las cosas, hasta saber si necesitaba sanar aparte de Art o si podría albergar la esperanza de estar juntos nuevamente. De cualquier manera, el perdón siempre es sanar en la dirección correcta. Incluso si no sabes si doblar a la izquierda o a la derecha, la verdadera esperanza se encuentra al mirar hacia arriba, a Dios. Ahí es donde la recompensa del perdón es la más dulce de todas. Ahí es donde nuestra historia se alinea con Su resurrección.

El mismo año en que todo se vino abajo, yo cantaba mucho una canción que mi iglesia compuso. La letra dice: «Jesús resucitó y vivo está en mí». Me encantaba la certidumbre de esas palabras. Quería que ese fuera el himno de mi situación. Pero cuando todo asumió un aspecto más de muerte que de vida resucitada, me encontré cantando esa canción más como un susurro temeroso y lloroso que como una declaración de confianza.

Creo que Jesús sabía que Sus discípulos estarían en una situación similar cuando toda su esperanza de un futuro mejor pronto sería colgada en una cruz y puesta en una tumba. No recuerdo que en mis propios tiempos de desilusión haya leído mucho las palabras de Jesús justo antes de morir, pero son sumamente poderosas.

Ciertamente les aseguro que ustedes llorarán de dolor, mientras que el mundo se alegrará. Se pondrán tristes, pero su tristeza se convertirá en alegría. La mujer que está por dar a luz siente dolores porque ha llegado su momento, pero en cuanto nace la criatura se olvida de su angustia por la alegría de haber traído al mundo un nuevo ser. Lo mismo les pasa a ustedes: Ahora están tristes, pero cuando vuelva a verlos se alegrarán, y nadie les va a quitar esa alegría. (Juan 16:20-22)

Él no prometió que su tristeza sería quitada y reemplazada por alegría; Él prometió que la tristeza se convertiría en alegría. La tristeza produciría alegría. La tristeza era parte de la travesía, pero no sería la forma en que todo acabaría.

Ellos habían orado por alguien que los liberara de la opresión del gobierno romano. Recibieron un siervo que les lavó los pies. Querían un gobernador; recibieron un maestro. Querían un rey que hiciera justicia; recibieron un bondadoso sanador. Su respuesta nunca se pareció a lo que ellos tenían en mente. Pensaron que estaban en una travesía con Jesús a la toma del trono, pero en lugar de eso Él tomó Su cruz.

Pensaron que Dios los salvaría.

Y Él hizo.

Los discípulos estaban absolutamente afligidos… hasta que estuvieron completamente maravillados.

Tal como Jesús aseguró que sucedería, su tristeza se convirtió en alegría.

Charles Spurgeon destacó algo extraordinario sobre los escritos de los apóstoles después de la resurrección de Jesús:

«Es muy notable e instructivo que en los sermones o epístolas de los apóstoles no aparece que ellos hayan hablado de la muerte de nuestro Señor con pesar alguno. Los evangelios mencionan su angustia durante el hecho mismo de la crucifixión, pero después de la resurrección, y especialmente después de Pentecostés, no volvemos a ver tal dolor».[3]

Y debes notar que como parte del guion de la resurrección final estaba el «perdón». Algunas de las últimas palabras registradas que Jesús pronunció fueron: «Padre... perdónalos, porque no saben lo que hacen...» (Lucas 23:34). Entonces su muerte fue exactamente lo que pagó la deuda del pecado que nunca podríamos pagar nosotros mismos; y selló nuestro perdón por toda la eternidad. A su vez, señaló la promesa de resurrección que proporciona vida nueva, redención perfecta y seguridad eterna de una vez y para siempre.

La recompensa por el perdón es tremenda. Nunca debemos dudar de que dar y recibir perdón vale la pena y es muy bueno, sin importar cómo marchen nuestras circunstancias.

¿Y qué tal si hemos estado mirando las cosas desde lo que creemos que es bueno? Desde nuestro punto de vista, podemos ver claramente cómo lo que le pedimos a Dios tiene mucho sentido. En nuestras mentes, vemos todo lo bueno que de seguro vendría si Él hace exactamente lo que sugerimos.

Pero ¿qué pasa si nuestras peticiones, aunque completamente lógicas y razonables, no son lo que pensamos que son? Sí, desde una perspectiva terrenal, son exactamente sensatas. Sin embargo, ¿qué pasa si Dios ve cosas que nosotros no podemos ver? ¿Qué pasa si, desde Su perspectiva, lo que estamos pidiendo no es lo que quisiéramos, si pudiéramos ver todo desde Su punto de vista completo, eterno y perfecto?

¿Qué pasa si he estado pensando en todo esto de manera incorrecta?

Y esto es todo lo que necesitamos para este capítulo. Solo deja que esa pregunta se asiente en ti. Deja que sea el lugar donde estacionas tus emociones. Permite que sea el soporte de la puerta que deje espacio suficiente para que creas que la decisión de perdonar es quizás la mejor decisión que puedas tomar en la vida.

Y si...

perdonar

A DIOS

CUANDO LA GENTE TE HIERE es difícil. Ser herido por cosas que Dios permite quizás parezca insoportable. Si bien podría expresar mi desilusión mediante la pregunta *por qué* o *cómo*, cuando apoyo la cabeza sobre mi almohada empapada en lágrimas, las interrogantes pueden convertirse en sentimientos amargos. Es posible que no levante la mano en el estudio bíblico y admita que honestamente estoy luchando por perdonar a Dios, pero tengo dudas respecto a esto. Tengo sentimientos heridos. Quizás tú también. Ahí fue donde estuve la semana pasada.

Realmente creía que Dios me daría algo de tiempo antes de recibir otro golpe duro.

Tenemos una familia grande con muchas personas que se involucran en las vidas de los demás, por lo que es comprensible que siempre haya algún tipo de situación. Por lo general, me las arreglo con todos los tipos de personalidades y las diferentes formas de procesamiento. Pero la semana pasada, se estaba gestando una situación a la que no pude dejar de reaccionar con una sensibilidad adicional. Algunos de mis familiares querían invertir en un nuevo negocio. Todos parecían estar de acuerdo, menos yo.

Repito, me lleva tiempo descubrir lo que estoy sintiendo exactamente. Y aunque no era capaz de señalarlo con precisión, sabía que mi miedo por esta situación era intenso. Todo lo que podía ver por delante era un desastre. No era de vida o muerte, pero cada vez que mi gente lo discutía, me sentía personalmente amenazada porque todos asumían que yo invertiría con gusto junto a ellos.

Estaba segura de que Dios se encargaría de las cosas y de anularlo todo.

Oré. Preparé un caso muy sólido con Dios y con toda mi gente. Confié en que esto iba a esfumarse.

Desde el principio, no creí que esta inversión fuera una buena idea. Compartí mis inquietudes e incluso hice una lista de todos los obstáculos imposibles que tendrían que ser quitados del camino para que yo aceptara participar. En mi mente no había duda de que Dios evitaría esto o que las complicaciones lo convertirían en un asunto a discutir. De cualquier manera, estaba segura de que todo saldría bien.

Sin embargo, en vez de Dios cerrar las puertas, parecía que se abrían una tras otra. Fue como una intervención milagrosa a la inversa. En vez de impedirlo, parecía que Dios estaba obrando para que sucediera. Y aunque día tras día mi familia se emocionaba cada vez más, yo me retraía cada vez más. Intenté con ahínco ver lo bueno de lo que estaba sucediendo. Traté de recordarme a mí misma que los miembros de mi familia son listos para los negocios, y tienen buenos antecedentes. Traté de recordarme a mí misma que no todo sentimiento de temor es una predicción de muerte inminente.

No obstante, por mucho que intentaba animarme, no podía anular el argumento principal en mi mente. *A veces los peores escenarios sí suceden. ¿Acaso no lo ha dejado tan claro esta última etapa de nuestra vida? ¿Por qué no me escuchan ustedes?*

Me puse extremadamente ansiosa. Luego me torné cada vez más enojada, malhumorada y agobiada a medida que todos los obstáculos desaparecían, y de repente esto no era solo una conversación; se estaba convirtiendo en una realidad.

No solo quería apartarme por completo de mi familia, sino que también quería mantener cierta distancia con Dios. Todo lo que podía ver era el posible caos. Desearía poder decirte que traté esto con una actitud madura, dispuesta a entablar conversaciones tranquilas para procurar la claridad y el bien común con el que todos pudiéramos estar de acuerdo. Pero no fue así.

Hice pucheros.

Hice comentarios que no dejaron lugar a la especulación sobre cuál era mi postura ante todo esto.

Sentí que mis preocupaciones no le importaban a nadie.

Lloré alto para que me escucharan. Cerré bruscamente los armarios y tiré puertas con una fuerza extraordinaria. Pude sentir cómo la amargura hallaba un buen lugar en mí, mientras planificaba todos los guiones de «te lo dije» que me harían sentir muy justificada cuando esto explotara.

Me senté frente a mi diario y escribí la palabra *confundida*.

Casi al instante, una frase cruzó por mi mente: *Esta inversión es una oración contestada.*

¡¿Qué?!

Era imposible que lo que estaba viendo fuera parte de la respuesta de Dios para mí. Me rehusé a admitir aquella declaración. Pero tampoco pude desatenderla.

Ahora, cada vez que mencionaban la inversión, yo escuchaba la misma declaración: *Esta es una oración contestada.*

Hace más de una semana que he dejado que esa idea se asiente en mí.

Se ha metido conmigo, sobre todo de una manera positiva, pero también me ha sondeado en un área en la que todavía soy bastante sensible: confiar en Dios cuando no entiendo lo que está haciendo, ni lo que está permitiendo. No puedo ver con los ojos, ni entender con la mente, cómo algo de esto pueda ser la oración contestada por Dios. Pero tal vez este sea el asunto. Tal vez este es el lugar donde es hora de comenzar a reedificar la confianza con Dios.

No es que Dios haya hecho algo malo y haya quebrantado mi confianza. Lo que me dificulta confiar en Él es que no hizo lo que yo esperaba, o hizo algo que no entiendo. En ocasiones, cuando existen problemas de confianza con alguien, eso te deja en este extraño lugar donde de repente te preguntas quién más en tu mundo tampoco te está contando la historia completa. Incluso el más mínimo escepticismo como este puede convertirse rápidamente en una sospecha gigante que se infiltra en todas tus relaciones, incluida tu relación con Dios.

Tal vez esta es la parte de mi travesía de sanidad donde tomo la pregunta «¿y si he estado mirando esto mal?» con la que terminamos el último capítulo, e intento aplicar esto a mi situación actual.

Durante siete días he estado orando, «Dios, ayúdame a ver lo que está frente a mí como la respuesta a mi oración». Y voy a ser honesta contigo, mi cerebro sigue disparando declaraciones de alarma, de resistencia a toda esta idea. Sin embargo; como también he visto lo que la Palabra de Dios nos enseña sobre la forma en que Dios nos provee y el por qué yo podría no interpretar lo que estoy viendo de manera correcta, me he quedado sumamente perpleja. En el buen sentido. Demasiado bueno para mí como para no compartirlo contigo.

Dado que el desarrollo de la confianza en las relaciones tiene que ver, en parte, con una buena comunicación, la oración tiene que jugar realmente un papel en mi confianza con Dios. Yo he orado desde que tengo uso de razón. Pero en muy raras ocasiones he tenido la idea de mirar a mi alrededor y ver el hoy, este momento, esta etapa, como la oración contestada.

Cuando pienso en las peticiones de oración, pienso en lo que «espero» que Dios haga... no en lo que «ha sido hecho» hoy.

La razón por la que no puedo ver lo que vivo hoy como respuesta a mis oraciones es que muy a menudo, tal vez incluso siempre, lo recibido no coincide con lo que imaginé. Las respuestas de Dios no se parecen a lo que he imaginado de manera tan nítida en mi mente.

Y esto es lo que complica mi vida de oración; todo parece tan desconocido e incierto.

A veces he percibido que mis oraciones son como peticiones caprichosas que me hacen sentir bien, pero en el fondo sé que no es muy probable que sucedan. Es como tirar una moneda de un centavo a una fuente, o pensar en mi deseo más profundo justo antes de soplar mis velas de cumpleaños. Lo sigo haciendo pero realmente espero muy poco.

O bien, he comparado las oraciones con las entregas de Amazon Prime. Quiero que lo que me entreguen se parezca a lo que esperaba y llegue en un tiempo récord. La respuesta será entregada en mi puerta de inmediato, ¡y me siento tan cerca de Dios porque Él hizo lo que quería! Pero si la oración funcionara así, habría algo demasiado humano y predecible en ello. Entonces mis oraciones se convierten en un pedido que hago, las respuestas tan baratas como los productos, y el expedidor no es más que una entidad distante en la que pienso poco hasta que necesito algo más.

Con respecto a la oración, yo he esperado muy poco de Dios y demasiado de mí misma. He esperado que un Dios infinito reduzca Sus inmensas maneras de hacer las cosas a lo que yo puedo pensar y pedir.

Necesito cambiar esto. Quiero acercarme a Dios con mis necesidades, mis deseos, mis anhelos desesperados, y reconocer que todo lo que Él pone ante mí es Su pan de cada día. Sí, las personas pueden crear un caos que no proviene de Dios. Y sí, el quebrantamiento de este mundo puede quebrantar mi realidad. ¡Pero en medio de esto, hay una buena provisión de Dios! Eso es lo que debo buscar y lo que debo decidir ver.

Cuando Jesús nos enseñó cómo orar cada día, Su primera petición fue por el pan diario. Pero ¿no es cierto que el pan tomó varias formas diferentes en la Biblia? A veces tiene aspecto de un pan cocido al horno (Levítico 2:4), otras veces maná del cielo (Deuteronomio 8:3), o mejor que todo, como Jesús, quien se declaró a sí mismo el pan de vida (Juan 6:35).

No obstante, si Su provisión no se asemeja a lo que esperamos, es posible que no reconozcamos que lo que tenemos delante de nuestros ojos es Su pan. Como señala 1 Corintios: «Ahora vemos todo de manera imperfecta, como *reflejos desconcertantes*, pero luego veremos todo con perfecta claridad. Todo lo que ahora conozco es parcial e incompleto, pero luego conoceré todo por completo, tal como Dios ya me conoce a mí completamente» (1 Corintios 13:12, NTV, énfasis añadido).

Solo Dios puede ver lo que falta en nuestras vidas cuando le pedimos Su provisión. Sentimos la inquietud de una necesidad y naturalmente llenamos el espacio en blanco de lo que creemos que necesitamos. Pero nuestras vidas son como un revoltijo de piezas de rompecabezas. Nosotros solo lo estamos armando lentamente, pieza por pieza; y si bien establecemos algunas conexiones sobre cómo encajan las cosas, todavía no vemos el cuadro completo. Por lo tanto, no podemos saber exactamente lo que falta.

Dios lo ve todo tan claro como el agua. Nunca está inseguro, ni asustado, ni los espacios en blanco pueden intimidarlo. Él permite que nos falten piezas para que no tengamos que hacerlo todo por nuestra cuenta. Aquí es donde encaja Su provisión. Él siempre ve la forma de las piezas faltantes y nos da una porción de sí mismo, que a veces parece un pan, otras veces maná, pero sobre todo tiene semejanza a Jesús.

Los tres son la provisión perfecta de Dios. Pero con nuestros ojos humanos, probablemente solo reconoceríamos la barra de pan como buena y la más apropiada, y esto sería una gran tragedia. Quizás estemos llorando porque nada se parece a un pan, mientras a nuestro alrededor tenemos maná o, mejor aún, a Jesús mismo.

La barra de pan puede ser lo que quiero de Dios; tal vez incluso lo que espero de Dios, pero si no tiene la apariencia que yo creo que debería tener, esto puede hacer que me cuestione Su amor o incluso que empiece a resentirme porque no llega. Quiero que Su provisión se vea de la manera que yo creo. ¿Pero no es la barra de pan la menos milagrosa de todas las formas de pan? Es el tipo de provisión que para recibirla de la tierra tenemos que trabajar. Cosechamos el trigo, y lo procesamos, y luego lo horneamos, todo con nuestras propias manos. Pero tal vez eso es lo que tanto me gusta de la barra de pan. Como estoy trabajando para ello, mantengo una sensación de control.

Por otro lado, el maná representa lo que Dios simplemente da. El maná que cayó del cielo para los hijos de Israel fue el sustento perfecto de Dios para la vida de ellos en el desierto. Se parecía más a semillas o copos pequeños que a barras de pan. Sin embargo, día a día llegaba directamente de Dios, no de la naturaleza; y mantuvo vivos a más de dos millones de israelitas en el desierto durante los cuarenta años que lo necesitaron. Fue milagroso. Pero incluso con el maná, la gente tenía un papel que jugar. Ellos tenían que salir de sus tiendas para recogerlo. No lo cultivaban, pero podían contar con él sistemáticamente. Entonces, el control y la sistematicidad me hacen sentir que estoy confiando en Dios cuando en realidad solo dependo de Él al nivel que Él se revela a mí.

Sin embargo, no olvidemos el mejor tipo de pan, que es el pan de vida: Jesús mismo. Esta no es una provisión para la que trabajamos o una que simplemente recogemos; esta es una provisión en Cristo depositada dentro de nosotros que nos nutre y sostiene todo nuestro ser y llega hasta nuestras almas. Jesús es la provisión más milagrosa, que ya nos ha sido dada hoy, pero quizás la menos reconocida como ese todo que necesitamos. Y en la que tenemos luchas para confiar porque Él es la provisión que no podemos controlar ni exigir sistemáticamente que nos sea entregada según nuestra planificación. Uf... no es agradable leer esta frase, pero es importante tenerla en cuenta.

Si tenemos a Jesús hoy, estamos viviendo una oración contestada y una provisión perfecta. Aquel que produce lo bueno, incluso a partir de lo horrible que estamos viendo con nuestros ojos físicos, está obrando activamente por nosotros en este momento. En 1 Juan 2:1 Jesús es llamado nuestro intercesor, lo que significa que se sienta a la diestra de Dios e intercede por nosotros (Romanos 8:34). En este preciso momento, Él está hablando con el Padre sobre ti, de manera que, si pudieras escucharlo, nunca tendrías miedo a lo que tienes por delante. No cuestionarías Su amor por ti ni Su bondad contigo. Por lo tanto, no necesitamos perdonar a Dios. Necesitamos confiar en Él.

Ahora, sé que podrías estar diciendo: «Mira, Lysa, lo que tengo por delante es horrible, así que esto no me hace desear confiar más en Dios. ¡Me hace confiar menos en Él!». Yo lo entiendo. He pensado en mis amigas que mencioné en el último capítulo. Una está en el hospital, sentada al lado de la cama de su hija, escuchando noticias desgarradoras que le da el médico. Otra se irá a la cama sola esta noche, porque su exmarido ahora está con otra persona. Y a la otra, la ansiedad la tiene emocionalmente paralizada. Entonces, podría imaginármelas diciéndome: «Solo quiero que mi hija se sane, que mi esposo regrese a casa y que mi ansiedad desaparezca. Solo quiero que mi barra de pan se vea como la provisión que yo esperaba de parte de Dios».

Lo sé, querido lector. Lo sé. También siento lo mismo por algo que tengo enfrente en este momento. Cosas más grandes que esta situación de la inversión. Cosas difíciles que todavía me hacen llorar.

No obstante, si en este momento Dios no nos está dando Su provisión de la manera que esperamos, entonces debemos confiar en que hay algo que Dios sabe que nosotros no sabemos. Quizás con el tiempo lo veamos, o quizás no hasta la eternidad. Pero hasta entonces, podemos saber con certeza que aquello que nos da es realmente Su buena provisión, sea esta para hoy o como parte de un plan mucho más grande. Incluso cuando lo que vemos frente a nosotros parezca confuso. Incluso cuando lo que vemos frente a nosotros no se parece para nada a lo que pensamos que sería. Incluso cuando no estamos de acuerdo en que esto sea bueno. Para confiar en Dios, no tenemos que entenderlo.

C. S. Lewis creó una bella descripción gráfica en la que me gusta meditar cuando no puedo entender lo que Dios está haciendo. Nos dice que nos consideremos como una casa que Dios está renovando. Creemos saber qué trabajo hay que realizar, tal vez algunas pequeñas reparaciones aquí y allá; pero luego Él comienza a derribar paredes. Estamos confundidos y sentimos el dolor de este nivel de reconstrucción. Pero tal vez Su visión es muy diferente a la nuestra. «Pensabas que te estaban convirtiendo en una linda casita de campo; pero Él está construyendo un palacio. Y tiene la intención de venir y habitar allí».[1]

Nosotros vemos una casita de campo. Dios ve un palacio. Nosotros vemos destrucción. Dios ve construcción. Nosotros solo vemos lo que la mente humana puede imaginar. Dios está construyendo algo que ni siquiera podemos llegar a entender. No es lo que queríamos, pero es sumamente bueno. Y al final, lo que más importa, tal vez no sea *en* lo que Dios está trabajando, sino cómo Dios está trabajando *en* nosotros.

Entonces, ora lo que *sabes* orar. Ora lo que *necesitas* orar. Ora todas las palabras y deja que las lágrimas desemboquen en sollozos, exigencias, frustraciones y dudas mezcladas con esperanza. Pero luego deja que la fidelidad de Dios interprete lo que ves. Deja que la fidelidad de Dios edifique tu confianza. Deja que la fidelidad de Dios alivie el dolor de tu confusión, tu amargura y tu desconcierto.

La fidelidad de Dios no se demuestra cuando Su actividad se alinea con tus oraciones. Es cuando tus oraciones se alinean con Su fidelidad y Su voluntad, que te sientes cada vez más seguro de Su actividad. Incluso si —quizás especialmente si— Su actividad y Sus respuestas no se parecen a lo que tú imaginabas.

Titulé este capítulo «Perdonar a Dios», **no** porque Dios necesite ser perdonado; no obstante, a veces, en medio de un dolor profundo, nuestros corazones pueden comenzar a creer **erróneamente** que Dios tiene la culpa. Cuando sentimos en realidad que le hemos pedido a Dios algo urgentemente necesario, bueno, correcto y santo, como salvar un matrimonio, o la vida de un ser querido, o evitar que algo horrible suceda, y Dios no lo hace; no diríamos que Él pecó, pero podemos sentir que nos traicionó. O podemos sentirnos desilusionados por Él. O posiblemente nos preguntemos si le interesamos a Dios.

Cuando los males de este mundo se desatan a nuestro alrededor, y tragedias horribles rompen nuestros corazones, es comprensible que lloremos, demos puñetazos en el volante, gritemos palabras muy duras, nos sintamos consumidos por la injusticia aparentemente interminable de todo y luchemos con todas las preguntas que recriminan nuestras almas llenas de dolor.

Nosotros solo vemos lo que la mente humana puede IMAGINAR. *Dios está construyendo algo que ni siquiera podemos* LLEGAR A ENTENDER.

El problema es cuando llegamos a conclusiones desde esa posición. Porque, como hemos comentado, nuestras perspectivas, especialmente mientras estamos aquí, son incompletas.

Lo que vemos hoy no es todo lo que hay que ver. Nuestros pensamientos y nuestros caminos son imperfectos. Si no podemos entender los pensamientos de Dios y Sus caminos en nuestros mejores días, ciertamente no podremos entenderlos en nuestros peores días. El apóstol Pablo fue muy directo en su enseñanza de que debemos destruir los argumentos y las posiciones altivas que se levantan en contra del conocimiento de Dios:

> Las armas con que luchamos no son del mundo, sino que tienen el poder divino para derribar fortalezas. Destruimos argumentos y toda altivez que se levanta contra el conocimiento de Dios, y llevamos cautivo todo pensamiento para que se someta a Cristo. (2 Corintios 10:4-5)

Independientemente de lo que veamos, cuando a nuestra mente venga un argumento u opinión que habla en contra de la bondad de Dios, no lo albergamos; lo destruimos antes de que comience a causar destrucción en nosotros.

Este es un asunto mucho más importante de lo que yo había comprendido. Préstale atención.

Desde el comienzo de la Escritura, el enemigo de nuestras almas ha usado argumentos en contra de Dios, para hacernos dudar y erosionar nuestra confianza en Él. Con Eva, el enemigo usó la altivez de que tener los ojos abiertos al bien y al mal la ayudaría a ser más como Dios porque ella «sabría» lo que Él sabe.

¡Qué gran mentira! Ella conocía un mundo sin mal. El enemigo logró engañarla para que deseara ser «conocedora del bien y del mal».

En Génesis, que Adán y Eva comieran del fruto prohibido no solo trajo el pecado al mundo; ellos cambiaron su perspectiva perfecta y eterna por una perspectiva terrenal e imperfecta.

Presta mucha atención a esto. Antes del pecado, Adán y Eva tenían una perspectiva eterna, una confianza perfecta en Dios porque todo lo veían a la luz de Su plan bueno y Su absoluta bondad. Pero cuando comieron del árbol del conocimiento del bien y del mal, cambiaron su perspectiva eterna por una perspectiva terrenal. Y cuando recibieron el conocimiento del bien y del mal, apareció la confusión. El miedo a lo desconocido reemplazó la seguridad y la paz que anteriormente poseían.

Se dieron cuenta de su propia desnudez. Tuvieron sentimientos de vergüenza. Intentaron cubrirse y esconderse. Y una de las consecuencias de su pecado fue que tuvieron que abandonar la perfección del jardín. Trágicamente, Génesis 3 culmina cuando ellos tienen que abandonar el jardín; y luego en Génesis 4 tienen dos hijos, uno de los cuales asesina al otro.

Fue un mal negocio. Ellos renunciaron a lo que tan urgentemente deseamos: la claridad de verlo todo a la luz de la eternidad. A cambio, obtuvieron eso con lo que ahora tenemos que luchar: la confusión del sufrimiento en la tierra.

Estamos viviendo con los ojos abiertos al bien y al mal. El enemigo es un gran mentiroso. Este estado de conciencia no ayudó a la humanidad a poseer una mayor comprensión. El pecado solo nos hace pensar que lo que vemos en la tierra es todo lo que hay que saber.

Solo Dios ve la esfera terrenal y la celestial desde una perspectiva eterna. Entonces, solo Dios ve el cuadro completo de todo lo que enfrentamos.

Desde nuestro punto de vista aquí en este mundo, no podemos ver todo de una manera plena. No podemos ver la historia completa. No podemos ver la sanidad completa. No podemos ver la restauración completa. No podemos ver la redención completa. Solo podemos ver la parte que existe en la tierra.

Cuando afirmaba que Dios no contestaba mis oraciones, lo que realmente expresaba era que Dios no estaba haciendo lo que yo quería que hiciera. Sé que Dios tiene el control; pero mientras menos puedo entender lo que veo, más quiero recuperar el control por mí misma. Intentamos controlar eso en lo que no confiamos. Creo que le he asignado erróneamente a Dios el daño que la gente me ha causado. Cuando mi motivo de oración es la única evidencia que utilizo para determinar cuán involucrado está Dios o cuán fiel es Dios, no es de extrañar que me desilusione tanto.

No es de extrañar que llore y pregunte por qué, y a veces me sienta tan traicionada.

En ocasiones, las personas pueden tener planes ocultos y motivos incorrectos. A veces la gente miente. A veces las personas no buscan un bien mayor. Pero nada de esto se cumple con Dios. Él es bueno. Él es la única fuente para sacar algo bueno de todo lo que está frente a mí. Mi alma fue diseñada para confiar en Dios para todo esto. Supongo que solo hace falta tiempo para que mi corazón destrozado y mi mente propensa al miedo se pongan al día.

Al tomar en cuenta todo esto en la situación que mencioné al comienzo de este capítulo, estoy empezando a entender por qué necesito ver lo que tengo enfrente como la oración contestada por Dios. No es que esté convencida de que la inversión en sí sea de Dios. Y de seguro, Dios no hizo que la hija de mi amiga quedara inválida ni que el esposo de mi otra amiga se marchara, ni que la ansiedad de mi otra amiga fuera tan intensa. Dios no lo causó, pero está muy al tanto de todo. Y ve un cuadro mucho más completo, y tiene un plan para tomarlo todo y entretejerlo de alguna manera en algo que sea bueno.

Por otra parte, lo opuesto a la fe no es la duda. Lo opuesto a la fe es estar demasiado seguro de las cosas erróneas. Terminemos este capítulo hablando de cómo veo ahora lo que pasé con Art. ¿Recuerdas la historia que conté en el capítulo anterior? La reunión de oración. La Iglesia. La absoluta certeza que tuve de que Dios no estaba obrando. Ha pasado el tiempo suficiente y he podido ver mejor el cuadro más grande que se despliega.

De esto yo estaba muy segura:

Cuando vi que Art no tuvo una respuesta emocional al servicio de oración, estuve segura de que eso significaba que Dios no pudo hacerlo entender.

Cuando Art no respondió a mis emociones como yo pensé que debería hacerlo, estuve segura de que eso significaba que ya no le importaba.

Cuando Art se metió hasta el cuello en decisiones que me rompieron el corazón, estuve segura de que él estaba absolutamente eufórico y que se deleitaba en su vida de parranda.

Estaba demasiado segura de muchas cosas erróneas.

Dios se estaba moviendo. Dios estaba obrando. Art no estaba viviendo el mejor momento de su vida. Ahora él se refiere a esa etapa como una pesadilla. Dios estaba haciendo su mejor trabajo en lo invisible. Y en dependencia de cómo Art respondiera, Dios me rescataría o nos reconciliaría en la relación. De cualquier manera, cada día era la oración contestada por Dios. Y aunque rara vez recibía las barras de pan que seguía buscando, estaba viviendo un milagro lento que sencillamente no podía ver.

Ahora me doy cuenta de que Dios no necesita ser perdonado.

Él no me ha hecho daño.

Él no ha pecado.

Yo solo miraba el lugar más difícil y pensaba que era el final. Me perdí algo sumamente importante. Algo que ahora veo. Desde una perspectiva terrenal las cosas se ven de una forma, pero Dios ve de manera diferente.

Yo seguía viendo mi pérdida, el daño, la herida, el dolor. Estaba ciega debido a que no sé todo lo que hay, a lo que es mejor y a lo

Dios hace algunas de Sus mejores obras en lo invisible.

que no lo es. Y aunque los días eran horribles, Dios siempre estuvo conmigo.

Todos los días me estaba proveyendo. Todos los días Él estaba allí. E independientemente de si podía reconocerlo o no, yo estaba viviendo en oraciones contestadas.

Por lo tanto, en la actualidad miro lo que está frente a mí a través de lo que sé que es verdad sobre Dios. Esto es un regalo. Esto se puede usar para bien. De alguna manera esto es parte de una historia mucho más grande. Y puedo confiar en que Él también lo hará hermoso. Ahora, solo tengo que seguir tomando la decisión de buscar lo bello.

EL ROL QUE JUEGA LA

pérdida

CAPÍTULO 12

LA PÉRDIDA ES UN CRISOL. Llega con fuerza indecible a los lugares más profundos desde donde amamos, causando un dolor tal que a menudo no sabemos cómo darle sentido a la desesperación. Los recuerdos, tan nítidos como si estuvieran sucediendo en este momento, bailan frente a nosotros, dejándonos ver una repetición de lo bella que solía ser nuestra vida. Pero esas repeticiones nos hacen llorar. Ver lo que una vez fue es cruel y hermoso a la vez.

La pérdida, en verdad, es un crisol.

Esta mañana asistí a un funeral. Me puse mucho más emotiva de lo que esperaba. Ella era joven y falleció inesperadamente. Incluso ahora, mi corazón se inflama y duele contra los huesos limitantes de un pecho demasiado pequeño para toda esta aflicción. ¿Cómo podría un corazón hermoso, floreciente y encantador dejar de latir de repente? ¿Cómo es que nunca volveremos a hablar?

Cada vez que alguien fallece, yo me entristezco profundamente. Sé que la vida y la muerte siempre van de la mano; pero al parecer yo vivo en negación hasta que me veo obligada a no hacerlo. E independientemente de si conocemos al fallecido o no, nos detenemos ante la naturaleza impactante de la pérdida.

La naturaleza sagrada de la aflicción se propaga en nuestras vidas incluso cuando no teníamos una relación cercana con el fallecido. Podemos afligirnos porque no somos ajenos al dolor humano, incluso si por definición somos extraños para esa persona.

Y en esa vivencia compartida podemos unirnos a aquellos que ahora están pasando por las primeras devastaciones de la aflicción. Las lágrimas de quienes sí conocieron al difunto parecen fluir lentamente hasta nuestras propias emociones. Nos fusionamos juntos al escuchar el fallecimiento, el duelo y la celebración de una vida que ya no está. De repente los extrañamos, porque sabemos qué es extrañar.

Sin embargo, ¿qué pasa cuando la aflicción llega no por la muerte de un ser querido, sino porque alguien decidió rechazarnos? Cuando alguien sencillamente empaca sus cosas pues ya no quiere amarnos, la pérdida es insoportable. No solo nos afligimos por su ausencia. Nos aflige su total falta de interés ante el impacto que su decisión está teniendo en nosotros.

La pérdida nos duele, independientemente de la manera en que se muestre. Todos nos identificamos con el dolor de la pérdida.

Todos hemos perdido a personas que una vez acariciamos y abrazamos, y permitimos una especie de fusión de nosotros con ellos. Y ya sea que se marcharon, se mudaron, se desvanecieron, se alejaron, se esfumaron o fallecieron, el distanciamiento creó una sensación fantasma donde, por costumbre, queremos encontrarlos, pero ya no están allí. Marcamos su número en vano. Pasamos los dedos por las fotografías, pero no podemos sentir el calor de su piel.

La pérdida de bromas compartidas, de susurros de media noche, de conflictos, de viajes juntos, de parrilladas, de opiniones diferentes y todas las otras millones de pequeñas maneras cotidianas en que se hace «compañerismo». La historia de nuestras vidas nos incluyó a los dos. Y ahora ya no es así.

Esto es pérdida.

La pérdida es exasperante. La pérdida te hace mermar. La pérdida te menoscaba.

No obstante, ¿qué tiene que ver todo este discurso sobre la pérdida con el perdón?

Dejar que esta pérdida se asiente, en una aflicción nueva, puede ser una buena cura para la amargura.

No leas esta última oración demasiado rápido pues tu cerebro puede trasponer las palabras y entender: «asentar una nueva aflicción puede ser la causa de la amargura». Si bien esto es cierto, recuerda que a veces de la manera en que entraste en una cueva oscura es en realidad la forma en que puedes encontrar la salida.

Entonces, quédate conmigo aquí solo un minuto; porque si la pérdida fue la forma en que la amargura entró, quizás volver a visitar la aflicción ayudará a brindar una salida.

Primero, permíteme decir lo que es obvio: esto parece extraño, porque la pérdida y el dolor resultante a menudo son causa de amargura. Lo entiendo muy bien. Cuando la necedad, el egoísmo, la mezquindad o la irresponsabilidad de otra persona te hizo sufrir pérdida, el dolor puede provocar rápidamente una amargura que ni siquiera sabías que eras capaz de sentir. Pero en lugar de ser solo una visitante invitada, la amargura quiere mudarse directamente a tu vacío; sin pedir permiso. En ese momento, es posible que ni siquiera lo hayas notado o no hayas reconocido lo que pasó, porque al principio los sentimientos amargos pueden sentirse justificables y extrañamente útiles. Si bien el dolor con el tiempo nos ha adormecido, la amargura al menos nos permite sentir algo.

No obstante, con el tiempo, la amargura no se conforma con ser solamente algo que despierta algún sentimiento. Quiere convertirse en tu único sentimiento. La amargura no solo desea alojarse contigo; quiere consumirte por completo.

Y otra cosa importante a tener en cuenta sobre la amargura —quizás la más importante de todas las cosas a tener en cuenta—: generalmente no te permitirá que la llames amargura. En raros casos, reconocemos y confesamos los indicios de amargura que a veces innegablemente se revelan; la usamos como una generalización amplia de resentimiento. Hacemos una oración rápida que es algo así como «Perdona mi amargura» y luego proseguimos a toda velocidad; sin darnos cuenta de que la amargura no se resuelve rápidamente, porque no llega rápidamente. Debe ser nombrada, abierta, explorada y rastreada con diligencia.

Y es solo cuando reflexionas profundamente para determinar dónde está dentro de ti, que serás impulsado a darte cuenta de que necesitas lidiar con eso. Entonces, comencemos aquí. La reflexión profunda de dónde las huellas de la amargura se infiltran y te sacan la vida, así como a todos los que se topan contigo.

La amargura se disfraza de otras emociones caóticas que son más difíciles de atribuir a la fuente original de dolor.

A continuación tenemos una lista de las formas en que esto se manifiesta en la vida cotidiana. A medida que leas estos indicadores de amargura oculta, ten en cuenta que no es para señalarte con el dedo y hurgar tu sensible corazón. Cuídate de declaraciones derrotistas como: «Bravo. Otra cosa más que estoy haciendo mal. Una forma más en que me he visto afectado por estas situaciones difíciles por las que he pasado. Un recordatorio más de cuán deficiente soy». Recuerda: este trabajo vale la pena hacerlo. Lo que procuramos es mantenernos saludables, honestos y conscientes de nosotros mismos. Nos estamos asegurando de no multiplicar ni una pizca el daño que nos han hecho.

Ahora, consideremos si alguna de estas cosas se está convirtiendo en parte de cómo pensamos o hablamos en este momento...

- Suposiciones derogatorias.
- Comentarios mordaces e hirientes.
- Un rencor que pesa cada vez más dentro de ti.
- El deseo de ver sufrir al que te hirió.

> La amargura se disfraza de otras emociones caóticas que son más difíciles de atribuir a la fuente original de dolor.

- Ansiedad por lo injusto de la felicidad de otras personas.
- Escepticismo para confiar en la mayoría de las personas.
- Cinismo sobre el mundo en general.
- Negatividad encubierta de que tú posees una visión más realista que los demás.
- El resentimiento hacia otros a quienes percibes que avanzaron demasiado rápido.
- Frustraciones con Dios por no distribuir consecuencias suficientemente graves.
- Una ira efervescente por toda esta injusticia que se vuelve más intensa con el tiempo.
- Obsesión por lo que sucedió y reproducir los hechos adyacentes una y otra vez.
- Hacer declaraciones pasivo-agresivas para probar una opinión.
- Sobrepasar la angustia de otras personas para demostrar que tu dolor es peor.
- Sentirte justificado — debido al mal que te han hecho— en conductas que sabes que no son saludables.
- Regañar y explotar con otras personas cuyas faltas no justifican ese tipo de reacción.
- Volverte inexplicablemente retraído en situaciones que solías disfrutar.
- Distanciarte de personas inocentes por temor a que te hieran nuevamente.
- Suposiciones irracionales de que te suceda lo peor.
- Expectativas poco realistas y exigentes.
- Negarte a decirle a la persona que te hirió lo que te molesta en realidad.
- Mantener a distancia a la gente que no piensa igual que tú.
- Rechazar oportunidades para reunirte y tratar las cosas.
- Negarte a considerar otras perspectivas.

- Culpar y avergonzar a la otra persona dentro de tu mente una y otra vez.
- Reclutar en secreto a otros para tu bando, con el pretexto de procesar los hechos o desahogarte.

Aclaro, en mi corazón no hay el más mínimo deseo de condenarte, ni de que te sientas culpable. De ningún modo. Yo misma tengo bastante trabajo para lidiar con mis propias emociones en esta lista. Y no planteo que cada uno de estos elementos sea una prueba absoluta de que la amargura es la fuerza impulsora que está causando esto.

No, pero lo que estoy planteando al amparo de estas páginas, sin enfocar en modo alguno la atención en ti, es que solo consideres en qué lugar —donde existe algún tipo de pérdida o vacío en tu vida— la amargura podría haberse instalado. Tal vez puedas crear tu propia lista de problemas disfrazados en cuya raíz se encuentra la amargura.

No podemos tratar con esto si no lo reconocemos.

No obstante, como tú y yo sabemos que lo que hemos negado en el pasado no tiene a bien el ser expuesto repentinamente en el presente. Permíteme ayudar a que los dos nos sintamos menos expuestos y hagamos algo muy extraño. Quiero mostrarte un lado diferente de la amargura y aclarar algunos conceptos erróneos en cuanto a ella. A continuación menciono algunas observaciones que he hecho sobre lo que en realidad es la amargura:

- *La amargura no tiene un núcleo de odio, sino un núcleo de dolor.* Esto no es una justificación de la amargura, sino más bien una observación que puede ayudarnos a no sentirnos tan a la defensiva. Cuando brotan sentimientos amargos, generalmente estos se encuentran ligados a complejidades profundas de ser herido de maneras profundas, de maneras injustas, maneras que cambiaron tantas cosas en la vida, que es casi inconcebible creer que el perdón sea algo apropiado. Quizás parezca que la única forma de mejorar las cosas amargas es agregar la dulce venganza. Y la única venganza legal a la que la mayoría de nosotros tenemos acceso es el resentimiento. Podemos justificar muy fácil que si no se va a hacer que las personas paguen por lo que han hecho externamente, al menos podemos hacer que paguen albergando nosotros internamente una gran amargura contra ellas.

Por lo general la amargura no se encuentra más profundamente en aquellos cuyos corazones son duros, sino más bien en aquellos con corazones delicados. No es que sean fríos; es que se les ha hecho sentir inseguros. Estas son personas afectuosas que confiaron en alguien, o en algunas personas, en las que deberían haber podido confiar. Y se les hizo sentir como tontos cuando la confianza que dieron como regalo fue pisoteada y destrozada. Los bordes afilados que quedan de la confianza rota los lacera profundamente, y la resistencia que ahora demuestran hacia otras personas a menudo es puro temor a ser lastimados nuevamente. Si dejan de interesarse por los demás, no necesitarán temer acercarse lo suficiente como para que su confianza sea quebrantada una vez más. La dureza a menudo es precisamente la forma opuesta en la que su corazón fue diseñado para funcionar, pero es la única forma en que saben protegerse. Con frecuencia lo que motiva las proyecciones amargas es la protección.

La amargura no es un indicio de potencial limitado en las relaciones. Por lo general, el corazón amargado es el corazón con la mayor capacidad de amar profundamente. Pero cuando amas profundamente, corres un mayor riesgo de ser herido profundamente. Y cuando ese dolor profundo llega, parece enjaular el amor que una vez se manifestaba a sus anchas. El amor enjaulado a menudo emite un grito amargo.

Ser amargado no debería equipararse con ser una mala persona. Frecuentemente, es una señal de que una persona con un gran potencial para el bien llenó el vacío de sus pérdidas con sentimientos que son naturales, pero que no son útiles en momentos de aflicción.

Con todo eso en mente, tal vez puedas entender mejor por qué unas páginas atrás escribí que si la pérdida es la manera en que la amargura llegó, volver a visitar el dolor puede ayudarnos a encontrar nuestra salida.

Lo cual me lleva de regreso al funeral de hoy. Me dejó muy sensible. Lo suficientemente suave como para reconsiderar algunas cosas. Lo suficientemente abierta como para quizás lograr avanzar sin sentir que podría colapsar. La convicción sobre las formas en que mi corazón se ha salido algo fuera de control no me atravesó con fuerza. No tuvo que hacerlo. Yo me abrí al dolor. Dejé que el peso de la pérdida me volviera a visitar. Salí de mi escondite detrás de la injusticia de mi propia situación y sentí que las lágrimas puras de la nueva pérdida regaban mi dureza. Este ablandamiento fue bueno para mí. Los corazones endurecidos tienden a quebrarse. Los corazones suaves no se quiebran tan fácilmente.

Cuanto más nos alejamos de la fuente original de nuestra aflicción, más se solidifica nuestra dureza. Las heridas y el dolor no tratados se endurecen como tierra seca. Y la única forma de suavizarlo de nuevo es que las lágrimas caigan suaves, puras y fluyan libres una vez más.

Hace poco leí un artículo sobre qué hacer si tienes una tierra endurecida difícil de labrar, y deseas prepararla para cultivar plantas hermosas. Primero, comienzas con un poco de agua… alrededor de media pulgada. No la inundas. Dejas que el suelo absorba el agua lentamente. Luego dejas que se asiente durante un par de días, para que el agua tenga tiempo de hundirse debajo de la superficie. Después de eso, puedes cavar aproximadamente ocho pulgadas para voltear el suelo debajo, exponiéndolo a la superficie. Luego rocía la tierra volteada con un chorro de agua adecuado para ablandar la superficie antes de rastrillarla y agregarle abono orgánico (material orgánico que una vez estuvo vivo, y que ahora está descompuesto).

Los corazones

ENDURECIDOS

tienden a

QUEBRARSE.

Los corazones

suaves no se

QUIEBRAN TAN

FÁCILMENTE.

Lo que podría haber sido desperdicio se convierte en fertilizante. No soy especialista en jardinería, pero todo esto parece ser sumamente aplicable a mi deseo de tratar los lugares difíciles de mi corazón.

En un sentido espiritual, esto es similar a la forma de convertir la amargura endurecida en tierra fértil.

Uno no le quita a golpes la amargura a nadie.

No la señalas con el dedo y la sacas, ni le suplicas, ni la haces salir de nadie.

Uno ablanda la dureza. Y a medida que el ablandamiento rompe el terreno duro, se le añade perspectiva. La perspectiva es el mejor fertilizante que existe. Lo que hemos padecido no es un desperdicio cuando el padecimiento fertiliza el terreno ablandado de nuestros corazones, aumentando así las posibilidades de que una nueva vida florezca.

Un buen agricultor sabe que para terrenos endurecidos esto no es solo un suceso de un día. Con la llegada de cada nueva temporada, se necesita trabajar la dureza del suelo, suavizándola y labrándola nuevamente. Lo mismo se cumple en nuestros corazones. Cuando no reciben atención, nuestros corazones son pisoteados y les caminan por encima constantemente, lo que nos convierte una vez más en lugares potencialmente endurecidos. Por lo tanto, debemos tener eso en mente para hacer que el ablandamiento y la labranza sean una parte regular de nuestra vida.

Y cuando Dios permite cosas que nos ablanden y nos labren, debemos recordar que es por nuestro bien, al igual que por el bien de la tierra del agricultor. El agricultor sabe lo que es bueno para el terreno, al igual que Dios sabe lo que es bueno para el corazón humano. Ambos ven ese potencial para una nueva vida, nuevos frutos, así como nuevos y hermosos comienzos.

Mientras estaba sentada escuchando el funeral, en un momento tuve que detenerme y dejar que toda esa aflicción se asentara en mí.

Lloré. No porque la conociera tan bien, sino porque en los últimos años la conocí muy poco. Yo había permitido que algunas diferencias en la forma en que veíamos la vida me hicieran menos disponible. No solo tracé límites; dejé de intentarlo. Me di por vencida demasiado pronto. Los funerales tienen una manera de recordarnos que no debemos dejar cosas importantes, cosas agradables, sin decir.

No digo que de repente nos dediquemos a acechar los funerales de manera inapropiada e intrusa. De ningún modo. No necesitamos entrar por la fuerza al espacio sagrado del dolor ajeno. No obstante, podemos permanecer lo suficientemente abiertos como para ser conscientes del dolor de los demás. No hay que mantener un ataúd en la parte delantera de la iglesia para tener un funeral. Momentos marcados de aflicción suceden a nuestro alrededor todos los días.

Considera las muchas ocasiones en que alguien nos comparte algo difícil que está procesando o por lo que está pasando, y no sabemos qué más decir, excepto: «Lo siento mucho. Oraré por ti».

La oración es buena, pero decirlo para llenar un espacio, y darle un seguimiento verdadero no es lo mismo.

Entonces, tal vez una mejor declaración sería: «Lo que estás pasando es difícil, y mi corazón se aflige contigo. Quizás no conozca tu dolor exacto, pero sé que duele. Entonces, como un acto de compasión, hoy me voy a sentar con tu aflicción muy dentro de mi corazón, y al orar por ti, permitiré que me enseñe algo».

Y luego hago así exactamente. Dejo que el dolor me hable.

En parte, la amargura es una aflicción no procesada, por lo que tiene sentido que, al participar en una parte del proceso de aflicción de otra persona, podamos volver a enfocar el procesamiento de nuestras propias pérdidas.

En la cultura judía existe un marco para procesar la pérdida de un ser querido. Saber qué hacer con la pérdida es increíblemente útil. Por ende, mientras estudiaba esto y hablaba con una amiga judía, tomé nota de lo que esto me puede enseñar.

Uno de los hechos más fascinantes que ella compartió fue que, en el judaísmo antiguo, la gente solía entrar al templo subiendo las escaleras y entrando por el lado derecho. Sin embargo, durante todo un año después de perder a un miembro de la familia inmediata, se entraba por el lado izquierdo, justo por donde salía la gente. Esto era una señal para todos de que estabas en una etapa de luto. Lo considero no solo fascinante, sino también increíblemente útil. Entonces el saludo de las personas era reconfortante, amable y expresaba consideración por lo que estabas enfrentando.

Aunque nosotros no tenemos este tipo de indicadores definidos para las pérdidas, hay una manera segura de saber que la pérdida es parte de la vida de alguien… solo con que ellos estén respirando.

Debemos tratar a todas las personas que vemos como si estuvieran entrando por la puerta izquierda, pues si sus corazones laten, ellas llevan consigo algún tipo de pérdida. Por lo tanto, sé amable. Respeta su pérdida. Al hacerlo, esto nos hará más conscientes y suavizará nuestra propia tendencia a la dureza.

No quiere decir que toleremos cosas que no debemos tolerar, ni que permitamos comportamientos abusivos, ni que aprobemos las decisiones caóticas de los demás. Pero, en lugar de marcarlos como personas malas, horribles o tóxicas, tal vez podamos decir: «Están sufriendo por una pérdida. Quizás ese vacío lo llenaron de crueldad. Dios, ayúdame a no aumentar su dolor ni unirme a su club. Más bien, deja que todo esto me enseñe algo».

Otra tradición judía para el duelo que todavía se practica mucho hoy en la actualidad es «Shiva».[1] Observas el Shiva para todos tus familiares de primer grado: cónyuges, hijos, padres y hermanos. Durante los siete días inmediatamente posteriores al entierro del difunto, familiares y amigos llegan a la casa de los afligidos y practican el Shiva. Traen comida, consuelo, conversaciones y recuerdos. Shiva proporciona el espacio para que aquellos que están de duelo hablen sobre su dolor, hagan una pausa en las obligaciones normales de la vida, y para que sus amigos y familiares les provean y les atiendan.

Cuando estás observando el Shiva, mantienes tu sistema de seguridad apagado, de manera que la gente pueda entrar y salir. Y sabes absolutamente que la gente vendrá. Ir a los funerales y observar el Shiva es uno de los 613 mandamientos o buenas obras judías más importantes; siempre sacas tiempo para hacerlo. Es un acto de compasión en el que no esperas nada a cambio.

En otras palabras, siempre se presta atención a la pérdida. Siempre se reconoce la aflicción. Y nada de eso se hace en solitario. La sanidad se produce al procesar juntos la pérdida. La puerta de entrada es la puerta de salida.

Si podemos desatar nuestras emociones mientras vemos una película que nos conmueve y hace fluir nuestras lágrimas por causa de personajes que no conocemos, ¿cuánto más debería ser posible con seres humanos de la vida real que sufren pérdida a nuestro alrededor?

Recuerda, ablandar el terreno de tu corazón no siempre tiene que comenzar con una pérdida tan significativa como la muerte de un ser querido.

Justo hoy me doy cuenta de que varios de mis amigos están pasando por pérdidas grandes y pequeñas. Independientemente de lo significativo de la pérdida, el dolor que la acompaña es real; y vale la pena procesarla; y es capaz de crear un reblandecimiento de los lugares difíciles que existen dentro de mi propio corazón.

Ahora déjame hacerte una pregunta que quizás debería haberte hecho al comienzo de este capítulo. Sin embargo, tomar el camino más largo a veces constituye el mejor camino cuando realmente quieres pasar tiempo con las personas que viajan a tu lado. Y, querido lector, me preocupo intensamente por ti y por todo lo que te ha dolido. Decido dejar que mis palabras observen el Shiva contigo hoy mientras procesamos todo esto juntos. Entonces, aquí va mi última pregunta de procesamiento para este capítulo:

¿Qué es la amargura?
¿Un sentimiento?
¿Un corazón duro cual un terreno duro?
¿Evidencia de una aflicción no procesada?

¿Declaraciones que hago y que hacen daño porque yo he sido dañada?

¿Una actitud que se manifiesta de la manera menos deseable?

Quizás la amargura es una combinación de todo eso y más. En el próximo capítulo, hablaremos más sobre qué hacer con nuestra amargura. Pero hoy quiero darte una posibilidad más de lo que es la amargura. ¿Qué tal si la amargura es en realidad una semilla de potencial hermoso que aún no se ha plantado en el rico terreno del perdón?

¿Y si...?

Y así, decido sentarme con todo esto. El dolor de la pérdida. El encanto de la posibilidad. La culpa de cómo he transformado mi dolor en un arma para herir a otros. El perdón de un Salvador compasivo. El reconocimiento absoluto de la injusticia del daño que me hicieron. El reconocer honestamente que el resentimiento no ha mejorado nada de la situación, ni ha traído paz. La idea de cómo dejar que la ternura entre nuevamente en mí.

La invitación a observar el Shiva.

El escepticismo que siempre parece suplicarme que no lo intente.

La emoción de una sanidad más asequible.

El saber de manera más profunda que en este mundo hay más belleza por ver, incluso en medio de los funerales... o, mejor aún, tal vez especialmente porque hay funerales.

CAPÍTULO 13

LA
amargura
ES UN
MAL NEGOCIO
QUE HACE GRANDES
PROMESAS

ERA UNA TARJETA para desearle a alguien un feliz cumpleaños.

Este tipo de celebración es buena, y expresa: «Te amo y me encanta tener este momento especial, que me lleva a expresar sentimientos que brotan de todos los lugares donde se asientan en mi corazón y mente. Los escribiré, los pronunciaré, les daré voz e irán de estar asentados en mi corazón a bailar en el tuyo».

Es un intercambio encantador. Y por lo general, de esta manera las tarjetas tienen la capacidad de unir a la gente. No obstante, esta tarjeta, esta «celebración», era diferente.

Parecía necesario. Parecía un poco forzado. Era una decisión difícil porque la persona ya no estaba en mi vida. No había sido abusiva, pero cuando más la necesité, se ausentó de manera extraña; y reclutó a otros para que hicieran lo mismo, lo que dolió aún más.

Entonces, en un lugar profundo, decidí que esta persona ya no debía ocupar un espacio en mi corazón, ni en mi calendario, ni en mi lista de tarjetas a enviar en las diferentes festividades.

Sin embargo, allí estábamos haciendo una excepción. Estaba haciendo espacio para esa persona, y no estaba completamente segura del por qué.

Era una tarjeta bonita, que necesitaría franqueo adicional. Art y yo la compramos antes de ir a cenar. Mientras comíamos rúcula con queso parmesano rayado, decidimos juntos qué escribir en la tarjeta. Debatimos sobre la forma correcta de expresar los sentimientos para que fueran amables y sinceros. Nos sentamos allí antes de sellar el sobre, mirándolo, cada uno con nuestros propios pensamientos y nuestros propios sentimientos de pérdida.

Miré a Art como si dijera: «Está bien».

Y luego, en algún momento, Art selló el sobre. Le puse un sello por fuera y luego agregué no uno, sino dos más. No estaba segura de lo que significaba «se necesita franqueo adicional», pero seguro esto sería suficiente. Recuerdo haber pensado: ¡*Vaya*! *Mírame*. *Soy la mejor persona aquí*. *Estoy segura de que me va muy bien con todo esto de la sanidad*. (Ahora mismo, tanto como tú, estoy poniendo los ojos en blanco con respecto a mí).

Reconocimos una vez más que enviar esta tarjeta era lo correcto, a pesar de que habían transcurrido años desde la última vez que tuvimos noticias de esta persona. Luego, después de la cena, nos dirigimos a la oficina de correos y dejamos caer la tarjeta azul en el buzón azul; y eso fue todo.

Pensé: *Esto es correcto, estuvo bien*, hasta aproximadamente una hora después.

Leí un correo electrónico con algunas noticias frustrantes que no tenían ninguna relación con la persona a la que le habíamos enviado la tarjeta hacía unas horas. Alguien no había hecho correctamente un trabajo por el que yo le había pagado, y ahora me estaban pasando la factura por el tiempo extra que demoraría corregir su error. Y estaban siendo sarcásticos en cuanto a tener que corregir su error, casi queriendo decir que era mi culpa.

Normalmente, esto habría impulsado una sencilla llamada telefónica a la persona que envió la factura. Hubiera sido una discusión práctica sobre el tema en cuestión. Pero, en cambio, todo lo racional dentro de mi ser se sentía paralizado. Me sentí agraviada. Sentí que se habían aprovechado de mí y me enojé de una manera desproporcionada para esta situación. Afortunadamente, no respondí el correo electrónico en ese momento.

Sin embargo, desafortunadamente, ese sentimiento de «daño» era como un imán que suscitaba todos los otros sentimientos de daño no tratados. Todos se abrieron paso por los pasillos de mi corazón y de mi mente, listos para ubicarse y congregarse juntos, multiplicando así su impacto cual una turba frenética.

Aunque la persona a la que le había enviado la tarjeta no tenía nada que ver con la inesperada factura, la emoción que sentía conectó los dos sucesos como uno solo.

Y por mucho que traté de no conectarlo todo con el dolor actual que todavía estaba procesando, relacionado con la herida matrimonial, todo se revolvió como una sola cosa. De repente la vida me pareció sumamente abrumadora. Era como si el mundo estuviera en mi contra y el dolor nunca cesaría.

Yo no quería unir todas estas cosas y dejarme llevar por emociones agitadas. Estaba intentando mantener las cosas en perspectiva; sin embargo, estaba perdiendo en mi lucha por mantener la calma.

Los daños que consideramos que nunca se corrigieron son increíblemente sigilosos en su capacidad para asentarse, bullir en silencio, hasta la llegada de un nuevo daño que les da permiso para finalmente lanzar un grito.

Sentí una intensa oleada de emoción. Sabía que iba a reaccionar incorrectamente, y por mucho que no quería admitirlo, la amargura estaba a punto de estallar.

Nuestras reacciones son manipuladas por la lente de daños pasados no resueltos. Lentes amargas, reacciones amargas.

No podemos controlar las circunstancias individuales que llegan a nuestro camino cada día. Y aunque todos sabemos que tenemos el control de nuestras propias reacciones, cuando nos revuelven un dolor profundo, es natural que nuestra reacción sea más un reflejo de las heridas del pasado que una serenidad espiritualmente madura. ¡¿Verdad?!

«Si nuestro reflejo es histérico, es histórico». Sé que antes he mencionado esa cita de mi consejero, Jim Cress, pero está demasiado buena para no insertarla aquí nuevamente. Si la amargura y los resentimientos son parte de cómo hemos registrado los acontecimientos en nuestra historia, podemos sentirnos muy fuera de control.

Por lo general, el *resentimiento* se atribuye a una persona específica por un incidente específico. La *amargura* suele ser el sentimiento colectivo de todos nuestros resentimientos. No obstante, independientemente de cómo definas esas palabras, ellas son parte del mismo problema.

La amargura no es solo una etiqueta que colocamos en las personas y en los sentimientos en torno a las heridas que esas personas causan. Es como el ácido líquido que se filtra a cada rincón de nosotros y corrompe todo lo que toca. No solo llega a lugares que no han sanado, sino que también carcome todo lo que está curado y saludable en nosotros. La amargura lo afecta todo. La amargura por algo específico localizará la amargura que se esconde dentro de nosotros por otras cosas. Y siempre intensificará nuestras reacciones, sesgará nuestra perspectiva, y nos alejará cada vez más de la paz.

La persona a la que le envié la tarjeta no estaba presente en la habitación cuando recibí aquel correo electrónico sin relación alguna con ella. Pero el dolor que me causó estaba presente allí, intensificando mis emociones y nublando mi capacidad de procesar el correo electrónico de manera racional. La lente de la amargura me amargó aún más.

Estaba procurando hacer las cosas correctas sin dar el paso de perdonar.

Al no perdonar a las personas que me hirieron, estaba dando mi aprobación de traer el dolor que causaron a cada situación actual en la que me encontraba, lo cual me hería una y otra y otra vez. Aferrarme a este dolor no disminuía mi dolor; lo multiplicaba. Y me manipulaba para que me convirtiera en alguien que no quería ser. Entonces, en lugar de hacer algo correcto, solo hacía que todo se pusiera peor; para mí, para ellos, para toda la situación.

Al enemigo de nuestras almas le encanta la forma en que la amargura impide nuestra sanidad y evita que la bondad de Dios se manifieste.

Después de ver a una persona amargada yo nunca he pensado: *Vaya, quiero conocer sobre la esperanza de Dios en su vida.* No estoy siendo dura; estoy tratando de hacer que las partes amargas de mí sean más honestas y conscientes de lo que realmente está sucediendo. Y cuán dolorosa es en verdad la amargura.

Toda amargura es destructiva. Carcome nuestra paz. Y la mayoría de nosotros no hacemos la conexión de que la pesadumbre y la inestabilidad que van y vienen en nuestras vidas es evidencia de falta de perdón.

No estaba haciendo las conexiones entre mis heridas pasadas y mi intensa reacción actual.

No podía discernir mis sentimientos.

Era el correo electrónico.

Era la persona a quien le habíamos enviado la tarjeta.

Eran las personas que esa persona reclutó las que agravaron el dolor de toda la situación.

Era que ninguna de estas personas que habían causado tanto daño nunca se hicieron responsables de sus acciones.

Era que había intentado perdonar, pero obviamente no lo había logrado.

Era que secretamente deseaba un momento en el que pudiera escuchar a Art defenderme y hacer que estas personas reconocieran cuán equivocadas estaban.

Sin embargo, eso no era todo. Simplemente no sabía qué más era. Lo único que sabía era que debía sacarlo todo en aquel preciso momento.

Esa es la realidad incómoda del dolor emocional. No respetará nuestra planificación. No podemos cronometrar los detonantes. Entonces, comenzamos a creer que no podemos domar nuestras reacciones.

No quería causar una debacle en ese momento. Art y yo teníamos planes de pasar una tarde amena después de cenar, quizás contemplar el atardecer, tal vez ver una película y simplemente estar juntos. Entonces, ¿por qué de repente me encontré amenazando con echar a perder toda la noche? No es lo que quería y, sin embargo, era todo lo que quería al mismo tiempo.

Independientemente de cuánta racionalidad mi cerebro intentaba interponer, mis sentimientos avanzaban cual un piquete abogando por justicia, y se abrían paso sobre cualquier cosa que se interpusiera en su camino.

Mediante una declaración que no tenía nada que envidiarle al último alegato de un fiscal mientras golpea una mesa llena de pruebas infalibles, expresé: «Solo necesito saber que reconoces el dolor que estas personas me causaron. Sus decisiones fueron incorrectas, hirientes y muy egoístas. Y ni siquiera sé si ellos saben lo equivocados que estaban. Pensé que estaba bien respecto a estas cosas, pero ahora no lo estoy, y estoy confundida y herida de nuevo. Y ahora estoy enojada porque no solo me hirieron hace años; lo están haciendo esta noche una vez más, lo que me hace sentir "no sanada", expuesta y frustrada. Necesito que me defiendas. ¡¡¡Necesito escucharte arreglar esto!!!».

Art escuchó. Y luego preguntó con calma: «Lysa, ¿estás enojada porque no has visto evidencia de que Dios te defienda?».

Y eso era.

Un momento de absoluta claridad. Una declaración planteada como una pregunta que se eleva sobre el caos, sobre mis exigencias dogmáticas de respuestas, justicia y equidad.

¿Se trataba de Dios?

Me incomodó que Art hiciera esta pregunta; y me encantó que hiciera la pregunta. Era agradable que estuviera tan sintonizado con mis sentimientos reales; pero también me pareció un poco amenazante que estuviera tan sintonizado con mis sentimientos reales.

Me sentí más expuesta que nunca. Pero también me sentí más comprendida que nunca.

El dolor profundo es excelente para revelar una verdad más auténtica de lo que nuestra alma alguna vez se atreve a admitir.

Tragué muy en seco.

Probé una realidad amarga que prometía ser una verdad dulce si solo admitía lo que era realmente real.

«Sí, por eso estoy enojada. No entiendo por qué Dios no les ha mostrado a esta gente lo incorrecto que fue hacer lo que hicieron, y ni los ha hecho sentirse culpables por toda la devastación que causaron».

Entonces Art preguntó: «¿Cómo sabes que Dios no lo ha hecho?».

Al negarme a ordenar mi respuesta, estallé: «Porque nunca han regresado a mí para reconocerlo o disculparse».

Art respondió pausadamente: «Y tal vez nunca lo harán. Pero eso no es evidencia contra Dios. Es solo donde ellos se encuentran en el proceso».

No sabía si dar un berrinche. Vomitar. O sacar una bandera blanca y rendirme ante este proceso.

El proceso.

Están en un proceso. Pero yo también. Y creo que es hora de que yo avance en mi propio proceso.

Sentí como mi puño se abría.

Y me pregunté cuánto tiempo había pasado desde la última vez que me había relajado de verdad.

Lo que Art expresó encierra gran sabiduría. Y al dejar que se asentara en mí, me di cuenta de que hay algo más que debo agregar a mi proceso. Mi humildad.

Humanidad sin humildad hace imposible el perdón verdadero.

La humanidad se levanta y exige que declaren que estoy en lo cierto, que soy la buena, la víctima. No obstante, eso nunca ha mejorado nada en mí; solo me ha amargado. La humildad se inclina y reclama la mayor victoria que un ser humano puede alcanzar: el premio de la paz de Dios.

Nunca me he identificado realmente con la historia del hijo pródigo. En verdad no soy rebelde ni propensa a hacer gastos excesivos. Pero en la historia hay dos hermanos, y después de releerla, en verdad desearía que se llamara «los hijos pródigos». Ambos fueron rebeldes. Esto se hizo más obvio en uno que en el otro. Uno se descarrió.

Humanidad sin humildad hace imposible el perdón verdadero.

El otro estaba resentido. Sin embargo, fue el resentido quien al final terminó ofreciendo más resistencia al padre. Estaba tan consumido con lo que su hermano había tomado, que no podía ver el cuadro más grande de lo que el padre estaba haciendo. Echemos un vistazo al final de la parábola:

> «Indignado, el hermano mayor se negó a entrar. Así que su padre salió a suplicarle que lo hiciera. Pero él le contestó: "¡Fíjate cuántos años te he servido sin desobedecer jamás tus órdenes, y ni un cabrito me has dado para celebrar una fiesta con mis amigos! ¡Pero ahora llega ese hijo tuyo, que ha despilfarrado tu fortuna con prostitutas, y tú mandas a matar en su honor el ternero más gordo!"
>
> "Hijo mío —le dijo su padre—, tú siempre estás conmigo, y todo lo que tengo es tuyo. Pero teníamos que hacer fiesta y alegrarnos, porque este hermano tuyo estaba muerto, pero ahora ha vuelto a la vida; se había perdido, pero ya lo hemos encontrado"». (Lucas 15:28-32)

Cuando noto que el padre le recuerda al hermano: «todo lo que tengo es tuyo», oigo a Dios recordarme: «Vuélvete a mí. Confía en mí. Confíame toda esta situación. Estoy haciendo una obra más grande de lo que imaginas. En verdad, tú no necesitas venganza. Necesitas sanidad. En verdad, no necesitas más caos. Necesitas paz. En verdad, no necesitas que ellos sufran. Simplemente necesitas que no te vuelvan a herir».

La amargura es un mal negocio que hace grandes promesas en la puerta delantera, pero en la puerta trasera no te entrega nada que realmente desees. Solo Dios tiene lo que realmente necesito. Dejar que mi corazón se llene de amargura es alejarme de Dios.

Entonces, me inclino... no porque quiera; sino porque lo necesito.

«Dios, te entrego esta situación. Echo a un lado mis evidencias. Echo a un lado mi necesidad de ver a esta persona castigada. Echo a un lado mi necesidad de una disculpa. Echo a un lado mi necesidad de que esto parezca justo. Echo a un lado mi necesidad de que declares que yo estoy en lo cierto y ellos equivocados. Muéstrame lo que necesito aprender de todo esto. Y luego dame tu paz en lugar de mi ira».

Nuevamente, pregúntame si yo quería hacer esta oración. Absolutamente no. Pero voy a hacerla una y otra vez hasta que su belleza y su justicia comiencen a asentarse en mí.

Por favor, debes entender que al escribir esto no te estoy privando de tu decisión. Tampoco digo que tus sentimientos sean malos. Los sentimientos son indicadores increíblemente útiles de asuntos que deben abordarse.

En verdad aún tienes la opción de estar enojado. Y yo soy la última persona en el mundo que te va a desdeñar por esto. Recuerda, soy la chica que recién causó una debacle. ¿Pero puedo invitarte a que imites tales decisiones?

Tengo la opción de seguir agregando mi ira y resentimiento a la ecuación, o puedo tomar la decisión poco común de agregarle mi propia humildad. Mi ira y resentimiento exigen la corrección de todos los daños. También me mantienen a merced de los detonantes que me alteran emocionalmente una y otra vez. Mi humildad desea algo aún mejor: paz.

Y si tengo paz, ¿no es ese el mejor resultado posible?

Agregar humildad a la situación es reconocer la injusticia que he padecido, pero afirmar que confío en que Dios hará lo que necesita hacer tanto en el corazón de ellos como en el mío.

Ya ha pasado suficiente tiempo desde que la negativa de ellos a disculparse ha tenido mi paz como rehén. La falta de disculpas podría deberse a muchas razones:

- Han sido tan heridos por otras situaciones causadas por personas que los hirieron, y un dolor cegador los consume.
- No les importa haberme herido.
- Ni siquiera saben que me hicieron daño.
- Se estaban protegiendo de un dolor no resuelto que yo les causé.
- Actualmente algún tipo de pecado los consume y les impide sentir empatía por el dolor que causan.
- Se sienten justificados, porque en realidad piensan que merezco lo que me ocurrió.
- No consideran que lo que hicieron fue incorrecto.
- Les han dado consejos malos.
- Muchas otras razones que son complicadas.

Aunque, a fin de cuentas, pasar tiempo procesando sus razonamientos no me ayuda a seguir adelante. Entonces, ¿qué es lo que me ayuda?

Romanos 12:18 enseña: «Si es posible, y en cuanto dependa de ustedes, vivan en paz con todos». Alrededor de este versículo hay un contexto interesante que vale la pena entender y considerar. Quédate conmigo aquí mientras desentrañamos una historia bíblica muy interesante.

Pablo estaba escribiendo esta instrucción a las iglesias judías y gentiles que padecían persecución por los romanos. El mismo Pablo afrontaba la persecución romana por todos lados. Todo lo que enseñaba que hacía un llamado a las personas a la santidad con Dios estaba causando alteraciones en los sistemas políticos, sociales y religiosos existentes en aquella época.

Cuando las personas se convertían al evangelio mediante su predicación, una de esas alteraciones fue que Pablo los exhortaba a que no participaran en nada que tuviera que ver con los ídolos. En Hechos 19:26, se cita a Pablo cuando afirma: «... los dioses hechos a mano, no son realmente dioses...» (NTV). El platero, Demetrio, estaba sumamente molesto porque la venta de estos ídolos daba mucho dinero. Tanto la pérdida de ingresos como el descrédito de un dios al que estaban acostumbrados a adorar hicieron que las personas que se beneficiaban de este sistema religioso se enfurecieran. Entonces se amotinaron contra Pablo y lo expulsaron de la ciudad.

Experiencias como estas son las que Pablo vivía cuando escribió su carta a las iglesias en Roma. Él no escribió lo que se convirtió en la carta a los Romanos durante unas vacaciones pacíficas, con gente pacífica y circunstancias pacíficas. Escribió esta instrucción en medio de su tercer viaje misionero, lleno de oposición y persecución.

Una de las razones de su epístola a los Romanos fue lo difícil que era para ellos sentir paz. Para ellos habría sido tan poco natural como lo es para nosotros en medio de dificultades constantes, oposición interminable y diferencias relacionales. Sin embargo, Pablo les recordaba a todos los que leerían estos versículos que la paz era posible.

Me identifico mucho con esto. Parece que cada día me despierto con una nueva serie de problemas. Los conflictos parecen no tener fin. En un mundo donde todos parecemos ser tan propensos a ofendernos y enojarnos, ¿cómo es posible este tipo de paz?

Los griegos consideraban la paz como la ausencia de hostilidad.[1] Sin embargo, Pablo está enseñando que la paz es la atmósfera que podemos traer a la hostilidad. Esta paz es un equilibrio que tenemos debido a nuestra relación con Dios. La palabra hebrea para *paz* es *shalom*. Es interesante notar que *shalom* es la palabra que las personas de habla hebrea usan incluso hoy en sus saludos con los demás al llegar y al irse.

Es traer paz a su saludo de llegada y marcharse con paz como la última palabra en sus despedidas. Yo quiero más de esto. Significa que no puedo esperar a que otros me traigan paz. Necesito tomar la decisión de llevar una atmósfera de paz, shalom, a cada situación en la que me encuentre.

Sí, es sumamente difícil. Y sí, todavía hago resistencia a esto.

Sin embargo, es muy bueno para mí. Esta paz no es suscitada por nosotros; es evidencia de Jesús en nosotros. Cambiándonos; moviéndonos, sanándonos.

Recuerda, en Juan 14:27 Jesús afirma: «La paz les dejo; mi paz les doy. Yo no se la doy a ustedes como la da el mundo. No se angustien ni se acobarden».La paz a la que se hace referencia aquí es «mantener o conservar la paz». La paz es un regalo que Dios da a los creyentes, y ese regalo es evidencia ante el mundo de que somos diferentes. Vivir en paz en nuestro mundo de hoy parece una imposibilidad ridícula.

No obstante, cuando lo imposible se hace posible gracias a la presencia de Jesús en nosotros, no hay mayor testimonio que se pueda compartir. No hay nada más poderoso que aportar a una situación que al Príncipe de la paz mismo (Isaías 9:6). Con solo pronunciar el nombre de Jesús, la paz está allí.

Y no pierdas de vista el contexto de todo esto. Pablo no dice: «Siempre que dependa de que otras personas traigan la paz». Tampoco plantea: «Siempre que los conflictos terminen de manera pacífica».

No, él afirma: «en cuanto dependa de mí».

En otras palabras, las decisiones de otras personas no impiden la paz en mi vida. Mis decisiones hacen posible la paz.

Muchos teólogos creen que Pablo está haciendo eco de las palabras de Jesús en Marcos 9:50 cuando se refiere a que los cristianos debemos mantener un carácter distintivo que nos diferencia del mundo: «La sal es buena para condimentar. Pero, si pierde su sabor, ¿cómo la harán salada de nuevo? Entre ustedes deben tener las cualidades de la sal y vivir en paz unos con otros» (NTV). Se trata de permitir que nuestra actitud cristiana sea nuestro saborizante y nuestro conservador de la paz, tanto para los cristianos como para el mundo.

Esto es realmente posible, pero solo si diariamente entregamos nuestras ofensas, mantenemos nuestros corazones limpios de amargura, y permanecemos humildes, incluso cuando somos dañados. Y es entonces cuando solo quiero tenderme en el piso de una manera muy dramática y declarar en voz alta: «¡PERO NO SOY JESÚS!».

Uf. Sin embargo, por más difícil que parezca, creo que es más difícil dejar que las circunstancias y las personas complicadas secuestren mi paz. No solo me daña a mí; daña a todos. ¿Recuerdas que expresé que la amargura se infiltra como el ácido? Las manchas de amargura no acaban en la punta de mis dedos… se pasan a cada persona que toco.

Hebreos 12:14-15 nos recuerda: «Busquen la paz con todos, y la santidad, sin la cual nadie verá al Señor. Asegúrense de que nadie deje de alcanzar la gracia de Dios; de que ninguna raíz amarga brote y cause dificultades y corrompa a muchos». Esta transferencia de corrupción contamina a los más cercanos a nosotros. No es solo personal… es corporativa. Nunca me afecta a mí solamente.

Entonces, si bien esta enseñanza quizás parezca desafiante, también es reveladora y estimulante. Siempre pensé que la paz era posible cuando había ausencia de caos.

Ahora, me estoy dando cuenta de que la antítesis de la paz no es el caos. Es el egoísmo. El mío y el de ellos. El autocuidado es bueno. El egocentrismo no lo es.

El corazón humano es muy propenso a centrarse en los deseos egoístas a expensas de los demás. Pero date cuenta de que solo puedo cambiarme a mí, seré honesta mientras vea mi propia tendencia al egoísmo. Y la mejor manera de mantener fuera al egoísmo es en la humildad del perdón.

La paz es la evidencia de una vida de perdón.

No es que las personas que te rodean sean pacíficas, ni que todas tus relaciones sean perfectamente pacíficas todo el tiempo. Más

Vivir en el
consuelo de la
PAZ
es mucho mejor
que vivir en las
restricciones de la
FALTA DE PERDÓN.

bien, es saber muy dentro de ti que te has liberado de los efectos vinculantes de la fuerza restrictiva de la falta de perdón y los sentimientos restrictivos de la injusticia.

Has cambiado todo ese drama por una mejora.

Paz.

Vivir en el consuelo de la paz es mucho mejor que vivir en las restricciones de la falta de perdón.

Considera lo bien que uno se siente cuando nos quitamos una pieza de ropa que nos aprieta por la cintura, o un traje que no nos deja exhalar y relajarnos de verdad. Quitarte esa ropa para ponerte tu ropa cómoda es liberarte de los efectos vinculantes de la ropa más restrictiva. Exhalas. Te sientes más cómodo. Te calmas y te acomodas. Tu cuerpo está preparado para estar en paz.

Necesitamos hacer este mismo tipo de actividad con la falta de perdón que restringe nuestros pensamientos a un espacio demasiado pequeño, y reduce nuestras posibilidades de llegar más lejos. Aferrarse a los pensamientos de resentimientos es como apretar un cinturón tan fuertemente en medio de nuestros pensamientos que nos impide relajarnos y descansar por completo, y hace con toda certeza que el crecimiento futuro sea casi imposible. Esta fuerza restrictiva en tus pensamientos será una barrera que te impide echar a un lado el dolor de lo que te han hecho. Constantemente la persona o suceso que te lastimó te serán recordados, y el dolor será tan intenso como el día en que sucedió.

Negarte a perdonar a alguien no es darle una lección, ni protegerte en modo alguno. Es tomar la decisión de permanecer en el dolor. Es con cada recuerdo apretar cada vez más ese cinturón que ya está demasiado apretado. El dolor no tratado y una mente en paz no pueden coexistir.

Y si tenemos alguna posibilidad de vivir en paz con los demás, primero tenemos que vivir en paz dentro de nosotros mismos.

Entonces, ¿hay algún lugar para la reivindicación? ¿Para la justicia? ¿Para la equidad? Sigue leyendo los versículos de Romanos 12.

No tomen venganza, hermanos míos, sino dejen el castigo en las manos de Dios, porque está escrito: «Mía es la venganza; yo pagaré», dice el Señor. Antes bien, «Si tu enemigo tiene hambre, dale de comer; si tiene sed, dale de beber. Actuando así, harás que se avergüence de su conducta».

No te dejes vencer por el mal; al contrario, vence el mal con el bien. (Romanos 12:19-21)

Esto me lleva de regreso a la tarjeta.

Sabía que debíamos enviarla. Pero cuando la colocamos en el buzón, mis emociones aún no habían votado sí. Y eso está bien. Nuestras emociones a veces serán las últimas en aprobar estos versículos bíblicos.

Me parecía que con esta tarjeta enviada yo estaba cumplimentando las formalidades de cooperar con la celebración de festividades que exigen tarjetas. Forzando protocolos. Violando mi necesidad de no hacer espacio para esta persona que me dañó.

Pero tal vez no fue para cumplimentar formalidades. Tal vez fue para abandonar la obediencia.

Esta tarjeta era parte del proceso.

No tengo que saber si alguna vez eso hará una diferencia en su vida. Pero sí hizo una diferencia en la mía. Es parte de mi proceso de cooperar con Dios. Vencer el mal con el bien. Vivir en paz siempre que dependa de mí.

Dejando espacio para que Dios obre en ellos. Orando por la misericordia de Dios. Buscando el rostro de Dios. Conociendo la bondad de Dios. Viviendo en la presencia de Dios.

Y en eso, estoy viendo la belleza de Dios. Supongo que hoy es una tarjeta azul en un buzón azul enviado por un corazón que ahora está un poco menos magullado. Un poco menos triste. Un poco más sanado.

Y mucho más preparado para la paz.

VIVE LA PRÁCTICA DEL

perdón

TODOS LOS DÍAS

APENAS PUEDO CREER que este sea nuestro último capítulo. Con certeza, hemos abordado mucho juntos a través de estas páginas. Hemos viajado a nuestro pasado y hemos establecido bases sólidas sobre las cuales construir un futuro más saludable. Nos sentamos a la mesa del dolor y analizamos algunas de las heridas más profundas que hemos experimentado. Juntos, fuimos honestos y, tal vez, a veces nos quedamos bastante conmocionados por lo mucho que esas heridas nos han impactado para bien y para mal.

Estoy satisfecha y asustada a la vez por mi progreso.

Me siento tan agradecida de que me estoy sanando… sanando de verdad… no solo pensando en superar lo que me duele, sino haciendo en verdad el esfuerzo para superarlo.

Sin embargo, también me asusta no poder vivir este mensaje de manera continua. No puedo desechar estas enseñanzas sobre el perdón. No puedo fingir que se me olvida la rapidez con que la amargura puede penetrar mi corazón cuando la pérdida me quebranta. No puedo aparentar que mi corazón no se resiste a perdonar, aún lo hace. No puedo simular que a veces prefiero lidiar con la disfunción que tener conversaciones más difíciles sobre los límites. Y que prefiero fijarme en los errores de otras personas que ser sincera sobre la necesidad de abordar y solucionar mis propios problemas.

No se me olvida que, una de las primeras frases registradas que el hombre le expuso a Dios después de comer el fruto prohibido fue: «Tuve miedo, porque estaba desnudo; y me escondí».

Me identifico con esas palabras en lo más profundo porque soy muy propensa a hacer lo mismo. Cuando me lastiman, me da miedo. Cuando me siento vulnerable, prefiero protegerme y esconderme, que arriesgarme a quedar expuesta al enfrentar mis propios resentimientos. No es que esté comiendo el fruto prohibido en un jardín, pero mis papilas gustativas desean las amargas recompensas ilusorias de guardar rencor.

Entonces, supongo que con lo que lucho no es tanto con vivir este mensaje de perdón al mirar hacia atrás, a mis heridas pasadas. Son las heridas que experimentaré en el futuro, que ni siquiera conozco todavía, las que me hacen dudar.

La vida rara vez es predecible. Las relaciones no son fáciles. Y el estrés y las tensiones constantes de manejar y controlar tantos problemas diarios es difícil para el corazón humano. Puedo sentir en este instante que me va realmente bien en mantener mi corazón limpio de amargura, y al instante siguiente sentirme como un completo fracaso. Cuando la misma persona a la que me he esforzado por perdonar hace otra cosa que me lastima, soy tentada a desenterrar mi prueba de lo que hizo en el pasado, arremeter mi dolor contra ella y sentir cómo la amargura se precipita dentro de mí cual un torrente indetenible.

Pero al sentarme con estos sentimientos de vacilación y lucha, he llegado a la conclusión de que el objetivo del perdón no es la perfección, sino el progreso.

Si te sucede, ten en cuenta que es normal. Esto no te convierte en un fracaso para perdonar. No somos robots. Somos seres humanos de corazón blando, con sentimientos intensos, y que podemos ser heridos con facilidad en lo más profundo. La señal de progreso no es la capacidad de nunca ser herido, ni ofendido, ni de perder el equilibrio emocionalmente. La señal de progreso es dejar que el dolor obre para tu bien y no en tu contra.

Úsalo como una oportunidad para dejar que el dolor te conduzca hacia los nuevos hábitos y perspectivas sanadoras que juntos hemos estado descubriendo en este libro.

- Ten mejores pensamientos.
- Ten una mejor reacción.

- Procesa mejor la situación.
- Ten una mejor conversación.
- Establece un límite que comuniques con amor y que mantengas siempre.
- Ten una mejor elección para no llegar a ese punto en que te insensibilizas.
- Que un mejor corazón gire hacia el perdón en lugar del resentimiento.
- Ten un día menos de mantenerte enojado.
- Ten una hora menos de rechazar la gracia.

Solo haz que una parte de este tiempo sea mejor que la última vez. Y luego toma otra parte de este mensaje y aplícala… y luego otra. Incluso el perdón más imperfecto y confuso, lleno de duda y resistencia es mejor que dejar que la amargura penetre en tu corazón. La suma de los más pequeños indicios y las consideraciones de perdón siempre es mejor que un momento de total amargura. Para que sea provechoso, no tienes que cooperar con el perdón de manera perfecta, solo de forma progresiva.

Cuando analizo cómo Jesús nos enseñó a vivir este mensaje de perdón; veo que Él no solo lo enseñó para que lo aplicáramos a todas las grandes angustias y heridas de nuestras vidas. Él quería que fuera una práctica diaria.

En Mateo 6, Jesús nos enseña de manera bien específica: «Ustedes deben orar así». Eso hace que me siente y tome nota. Hay tanto que Él podría enseñarnos a incluir en nuestras oraciones diarias, ¿verdad? Quiero decir, si me dieran la tarea de enseñar a orar, me temo que complicaría algunas partes y, tal vez, aún peor, minimizaría o quizás excluiría otras partes sumamente importantes.

¿Y sabes lo que podría verme tentada a minimizar o excluir? Las mismas partes que Jesús parece enfatizar más: la confesión y el perdón.

En Mateo 6:9-15, Jesús enseña:

«Ustedes deben orar así:

"Padre nuestro que estás en el cielo,
santificado sea tu nombre,
venga tu reino,
hágase tu voluntad
en la tierra como en el cielo.
Danos hoy nuestro pan cotidiano.
Perdónanos nuestras deudas,
como también nosotros hemos perdonado a nuestros
    deudores.
Y no nos dejes caer en tentación,
sino líbranos del maligno".

Porque si perdonan a otros sus ofensas, también los
perdonará a ustedes su Padre celestial. Pero si no perdonan
a otros sus ofensas, tampoco su Padre les perdonará a
ustedes las suyas».

Ya hemos examinado la parte sobre el pan diario en la oración. Entonces, veamos la importancia de perdonar y ser perdonados. Esto abarca la mayor parte de la oración. Si haces un conteo de palabras de esta enseñanza como se presenta en la Nueva Versión Internacional, la enseñanza total consta de ochenta y siete palabras. Perdonar y ser perdonados abarca cuarenta y tres de esas palabras. ¡*Vaya!*

Esto me llama la atención y me hace querer inclinarme un poco más hacia lo que Jesús deseaba que hiciéramos a diario, además de solo orar para pedir ayuda y provisión de Dios.

La oración del Padre nuestro nos recuerda lo que el corazón humano necesita cada día: necesitamos a Dios, necesitamos ser perdonados y necesitamos perdonar.

Se supone que el perdón forme parte de nuestra vida diaria tanto como comer y dormir.

No obstante, debo admitir que no hago esto a diario. Ni siquiera estoy segura de haberlo hecho semanalmente. Tal vez mi obediencia en esta área cae más en la categoría de «rara vez». Y quizás esa es la razón por la que a veces tengo una sensación de un pesar inexplicable dentro de mí, y por qué puedo caer en depresiones relacionales durante las cuales…

- me cuesta creer lo mejor de algunas personas cuando nuestra historia me ruega que siga esperando lo peor.
- a veces dudo que las relaciones verdaderamente saludables sean posibles.
- puedo sentirme abrumada y agotada al tener que trabajar arduamente en mis relaciones.
- creo que soy propensa a tolerar a algunas personas en lugar de realmente disfrutarlas.
- en ocasiones quiero demostrar mi perspectiva de las cosas más de lo que quiero mejorar la relación.
- soy escéptica para confiar en algunas personas, no por lo que han hecho sino por lo que otros me han hecho.

No creo ser la única que sienta todo esto. El conflicto y el caos están en todas partes. Vivimos en un tiempo y una época en que estar ofendido casi parece ir de la mano con estar vivo. Casi todos se sienten épicamente ofendidos por algo. Casi todos tienen problemas en sus relaciones. Casi todos preferirían defender una opinión que inclinar la cabeza y arrodillarse en oración. Y supongo que casi ninguno de nosotros ora a diario con confesión y perdón como Jesús nos enseñó.

Seré la primera en levantar la mano y admitir que ese es mi caso. Me ofendo con demasiada facilidad. Me pongo a la defensiva con extrema rapidez. Soy sumamente lenta para recurrir a la oración. Rara vez confieso. Y con demasiada frecuencia no perdono.

Quiero cambiar esto. Quiero madurar en esto. Quiero ser realmente como lo enseña la Biblia: «... todo hombre sea pronto para oír, tardo para hablar, tardo para airarse» (Santiago 1:19, RVR1960).

Sentir enojo no es lo mismo que *vivir* enojado.
Sentirse ofendido no es lo mismo que *vivir* ofendido.
Sentirse escéptico no es lo mismo que *vivir* escéptico.
Sentirse agraviado no es lo mismo que *vivir* agraviado.
Sentir resentimiento no es lo mismo que *vivir* resentido.

Jesús sabía que tendríamos todos estos sentimientos, en especial cuando hay tanta imprevisibilidad en nuestras circunstancias, nuestras relaciones e incluso nuestras propias emociones. Así que, Jesús nos da una oración para que la hagamos cada día y nos adelantemos a todo eso. Con la confesión y el perdón, podemos adelantarnos a todo lo que enfrentaremos en el día.

Repito una vez más, sé que no lo haré a la perfección. Pero eso no significa que no lo intente al menos. Hace solo unas semanas, alguien a quien he estado procurando ayudar me sorprendió por completo con una reacción extremadamente fuera de lugar. Estaba tan herida que todo lo que deseaba hacer era dejar de ayudar a esa persona y dar paso a una ira desenfrenada sobre ella. Podía sentir que la amargura aumentaba mientras me repetía en mi mente una y otra vez: «Después de todo lo que te he dado... toda la paciencia que he tenido contigo, todas las formas en que he tratado de ayudarte... ¡¿ASÍ ES CÓMO ME TRATAS?!».

No obstante, en lugar de reaccionar de inmediato, recordé porciones y partes de este libro. Pensé en cómo esa mañana había orado la oración del Padre Nuestro y confesado varias áreas en las que mi corazón necesitaba Su trato. Había decidido perdonar de antemano a aquellos que pudieran hacer o decir algo que me lastimara o despertara en mí fuertes emociones ese día. Y, al hacer ambas cosas, recordé una vez más que no puedo esperar una perfección en otros, que ni siquiera yo soy capaz de vivir. Necesito gracia para mis inclinaciones humanas, y los demás también.

La confesión rompe el ciclo de caos dentro de mí.

El perdón rompe el ciclo de caos entre nosotros.

Entonces, en lugar de dejar que mi ira me provocara a causar más heridas y dolor, simplemente dejé que mi enojo me informara que algo necesitaba resolverse entre mi amiga y yo. Pero no pensaba que podría hablar sin personalizar lo que ella había hecho y sin decir cosas de las que luego me arrepentiría. Sabía que necesitaba ser honesta, pero no quería ser hiriente. Sabía que quería paz con ella, pero todo lo que sentía era un caos en la situación. Así que le pregunté si podía venir a mi casa y, en lugar de tratar de resolver la situación o hablar al respecto, tal vez podríamos orar juntas.

Quería que el Jesús en mí le hablara al Jesús en ella. Quería que el Jesús en ella le hablara al Jesús en mí. Y más tarde ese día, mientras oramos, la paz más inexplicable nos invadió a ambas. No necesariamente resolvió el problema en cuestión, pero sí evitó el caos de añadir más dolor, más confusión y más oportunidades para el resentimiento. Quitó el aguijón e invitó la posibilidad de administrar gracia. Y trajo de manera absoluta una atmósfera de paz a la que no estoy segura de que hubiéramos podido llegar ese día de otra manera.

La oración del Padre nuestro esa mañana preparó mi corazón para algo que ni siquiera sabía que sucedería. El mejor momento para perdonar es antes de que nos ofendan.

El siguiente mejor momento para perdonar es de inmediato.

Por eso quiero que esto forme parte de mi «mejor elección» diaria con el perdón. Esto es progreso. Esta es la buena obra de madurar.

LA CONFESIÓN

*rompe el ciclo de
caos dentro de mí.*

EL PERDÓN

*rompe el ciclo de
caos entre nosotros.*

La madurez no es la ausencia de situaciones difíciles. La madurez es la evidencia de que la persona permitió que las situaciones difíciles obraran para su bien y no en su contra.

La mayoría de las veces solo pensamos en lo que las dificultades nos quitan. La madurez nos ayuda a ver cómo las dificultades pueden añadir lo que falta en nuestro desarrollo. La madurez nos ayuda a ser más conscientes de nosotros mismos. Nos ayuda a procesar con perspectivas más sanas. Nos prepara para tener relaciones más saludables. Y provoca una profunda empatía por los demás y una paciencia hacia la imperfección, que hace que no nos sintamos ofendidos tan fácilmente.

Todo esto implica mucho más de lo que sabemos. Y creo que por eso, al enseñarnos a orar, Jesús enfatizó tanto la confesión y el perdón.

Entonces, ¿cómo logramos esto de forma práctica? Necesito una manera de seguir entretejiendo esta oración y más de la instrucción de Dios en mi vida, o volveré a los viejos patrones de pensamiento y hábitos emocionales poco saludables.

Así es como podemos activar el proceso de confesión y perdón a diario, utilizando la Palabra de Dios como nuestra guía. Escoge un versículo de la Biblia que aborde un tema aplicable a una dinámica relacional en la que estés trabajando. Más adelante propongo una lista de versículos con los que puedes comenzar.

Luego toma un diario con mucho espacio para seguir estos pasos:

1. Dibuja un cuadrado lo suficientemente grande como para escribir el versículo en el centro.
2. En la parte superior del cuadrado escribe el tema de este versículo.
3. En la parte inferior del cuadrado escribe lo contrario del tema.
4. En el lado izquierdo del cuadrado traza una línea horizontal que divida ese espacio a la mitad. En la parte superior del

espacio, escribe lo que Dios quiere que hagas en respuesta a este versículo.

5. En la parte inferior de ese lado izquierdo dividido, escribe lo que el enemigo quiere que hagas en respuesta a este versículo.

6. En el lado derecho del cuadro, apunta estas palabras dejando espacio para escribir algunas líneas debajo de cada una:

* **AVANCE:** ¿Dónde estoy progresando con este versículo?

* **RESISTENCIA:** ¿Cuál es la situación en la que me siento resistente a vivir este versículo?

* **DESVÍO:** ¿Hay algún contexto en el que estoy retrocediendo con respecto a este versículo?

* **RETROCESO:** ¿En qué área estoy viviendo en rebeldía contra este versículo?

* **CONFESIÓN:** Ahora, soy consciente de algunas confesiones que debo hacer. Mientras las escribo, le pediré a Dios que me dé un espíritu de humildad en el proceso.

* **PERDÓN:** ¿En qué área hay alguien que no vive este versículo respecto a mi persona? Esta es una oportunidad para el perdón. No excusa su comportamiento; pero me libera de verme obstaculizada por la falta de perdón.

Lo que has confesado y el perdón que has expresado ahora se transforma en un área de progreso. Esto hace que este sea un proceso completo.

He descubierto que así es como las situaciones difíciles que experimento pueden obrar para bien en mí. A medida que soy más consciente de lo que hay que confesar y de las oportunidades para practicar el perdón, me vuelvo más madura. Me convierto en una mejor esposa, madre, amiga e hija. Honestamente, me convierto en un mejor ser humano incluso para las personas que no conozco, pero con las que interactúo todos los días. Así es como se ve esto en mi diario:

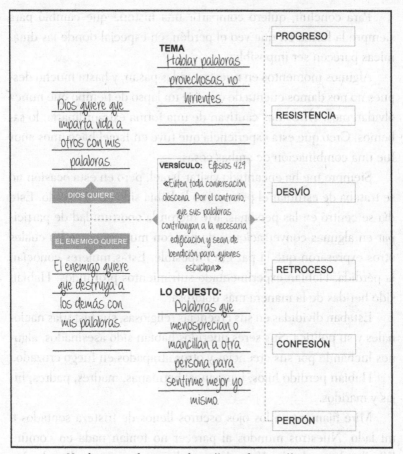

PROGRESO

TEMA
Hablar palabras
provechosas, no
hirientes.

Dios quiere que
imparta vida a
otros con mis
palabras.

RESISTENCIA

DIOS QUIERE

EL ENEMIGO QUIERE

El enemigo quiere
que destruya a
los demás con
mis palabras.

VERSÍCULO: Efesios 4:29

«Eviten toda conversación
obscena. Por el contrario,
que sus palabras
contribuyan a la necesaria
edificación y sean de
bendición para quienes
escuchan».

DESVÍO

RETROCESO

LO OPUESTO:
Palabras que
menosprecian o
mancillan a otra
persona para
sentirme mejor yo
mismo.

CONFESIÓN

PERDÓN

*Ve a la página electrónica: https://proverbs31.org/forgiveness
para encontrar un enlace donde puedes obtener hojas de trabajo
para imprimir con esta herramienta de estudio bíblico.*

Y aquí hay algunos versículos para comenzar:

Romanos 12:2	Mateo 18:15	Efesios 4:1-2
Mateo 5:8	Santiago 1:19-20	
Efesios 4:29	Santiago 4:10	
Colosenses 3:2	Santiago 4:11	
Gálatas 6:1	Lucas 14:11	

Para concluir, quiero compartir una historia que cambió para siempre la forma en que veo el perdón, en especial donde las dinámicas parecen ser imposibles.

Algunos momentos en nuestras vidas pasan, y hasta mucho después no nos damos cuenta de que fue un lapso de tiempo que nunca olvidaremos. Otros nos cautivan de una forma extraordinaria, lo sabemos. Creo que esta experiencia que tuve en Israel hace unos años fue una combinación de ambas cosas.

Siempre me ha encantado visitar Israel, pero en esta ocasión no se trataba de estudiar el país, como lo había sido en el pasado. Este día se centró en las personas. Me dieron la oportunidad de participar en algunas conversaciones de paz con mujeres entre las cuales otros expresaron que la paz era imposible. Estas mujeres conocían la pérdida. Habían experimentado sufrimientos profundos. Habían sido heridas de la manera más dolorosa.

Estaban divididas en sus creencias religiosas, sus historias nacionales y su política. Sus seres queridos habían sido asesinados, algunos luchando por sus creencias y otros atrapados en fuego cruzado.

Habían perdido hijos, hermanos, hermanas, madres, padres, hijas y maridos.

Miré fijamente a los ojos oscuros llenos de tristeza sentados a mi lado. Nuestros mundos al parecer no tenían nada en común. Ella llevaba un burka. Yo usaba pantalones y una cinta de pelo. No hablábamos con el mismo acento. No asistíamos al mismo tipo de iglesia. No comíamos los mismos alimentos ni discutíamos los mismos asuntos entre amigos.

En su mano, ella sostenía una fotografía doblada. Tan llena de tristeza me miró. «Era mi única hija. Era hermosa. Le dispararon dos veces». Extendí mi mano y tomé la suya. Desdobló la foto y me sorprendió ver lo joven que era su hija.

La mujer a mi otro lado tenía una historia totalmente diferente sobre los problemas del mismo país. Usaba una peluca y una falda que le llegaba casi hasta los tobillos. No hablábamos con el mismo acento. No asistíamos al mismo tipo de iglesia. No comíamos los mismos alimentos ni discutíamos los mismos temas entre amigos.

Ella sostenía un pequeño cuadro en su mano. Con tanta tristeza me miró. Había perdido a su esposo. Extendí mi mano para tomar la suya.

Las diferencias formaban líneas divisorias alrededor de la habitación. Líneas divisorias que abarcaban generación tras generación.

Sin embargo, allí estábamos nosotras, tomadas de la mano. Un círculo de mujeres divididas, muy unidas por nuestras lágrimas. Todas habíamos experimentado pérdidas profundas y devastadoras.

Y en lo común de nuestra pérdida, encontramos una paz que otros afirmaron que sería imposible. No estábamos allí para resolver los problemas políticos. No estábamos allí para debatir quién tenía la razón. Estábamos allí solo para hablar como seres humanos. Como mujeres. Como compañeras en la tristeza.

Nos tomamos el tiempo para escuchar. Fuimos lentas para hablar. Y aunque había angustia… y preguntas sin respuesta… y diferentes puntos de vista sobre lo sucedido y el porqué, también había un deseo de ver más allá de nuestras diferencias. Después de que todas tuvieron tiempo para compartir, dejamos el círculo y fuimos a una cocina comercial. Pasamos el resto de la tarde juntas, haciendo mermeladas de frutas. Revolviendo, mezclando y añadiendo algo mucho más dulce que el azúcar y la fruta.

Supongo que un analista político podría decir que ese día no logramos mucho según los estándares mundiales. Pero estaría equivocado. No puedo hablar por las demás, pero tuvo un gran efecto en mi corazón. Recuerdo la lección de ese día con mucha frecuencia.

Las lágrimas por la pérdida tienen el potencial de unirnos.

Lo que vi en esa conversación de paz fue sumamente hermoso.

No obstante, hay otro lado del dolor que es brutal.

Es cuando no permitimos que el dolor nos haga más compasivos hacia los demás, sino que nos convencemos más que nunca de que los demás nos quieren hacer daño. No nos acercamos con comprensión.

En cambio, arremetemos, multiplicando en la vida de otras personas el daño que nos han hecho.

Nos enojamos con la gente en el tráfico. Somos exageradamente ásperos con el cajero que se equivocó en nuestro pedido en la cafetería para automóviles. Expresamos fuertes juicios sobre los demás solo para lucir mejor. Estamos decididos a demostrar que los demás están equivocados.

Muéstrame un comentario desagradable, sarcástico o hiriente en las redes sociales, y te aseguro que la persona que lo escribió está sufriendo producto de alguna pérdida. Y lo último en el mundo que la ayudará es que la contratoquemos. Si el dolor la llevó hasta ese punto, más dolor acumulado nunca la ayudará a salir de él. La compasión por su pérdida y la gracia por su dolor no significan que validemos lo que expresa. Solo honra la realidad de que esa persona es más que comentarios hirientes. Y puede que seas la única persona en su vida en ese momento que tenga la oportunidad de ayudar y el valor de preocuparse.

Al final de aquel día con las mujeres en Israel votamos por quién obtendría el dinero de la venta de la mermelada que habíamos hecho. Y había muchos frascos de mermelada, lo que significaba que sería realmente favorable para quien obtuviera el dinero. Todas tenían necesidades. Todas podían haber argumentado a favor de ser quienes lo recibieran. Pero a medida que nos fuimos conociendo ese día mediante las vivencias compartidas de nuestras lágrimas, votamos simplemente por quién más necesitaba la ayuda. Las mujeres que llevaban burkas recibieron el dinero. Y fue un voto unánime. Nadie mencionó la palabra *perdón*. No tuvieron que hacerlo. Estaba allí. Y todas lo sabían.

Más que una victoria por esa situación, fue un voto por lo que la compasión y el perdón pueden lograr dentro de la raza humana. Esto no declaraba que alguien tenía la razón. Simplemente extendía la compasión donde se necesitaba. Fue el sermón más hermoso que haya experimentado en mi vida sobre lo que es posible con Dios.

Y si fue posible para ellas, con certeza, es posible para ti y para mí.

Jesús no solo modeló el perdón cuando nos enseñó a orar. Este fue el mensaje de Su vida. Y fue la declaración de Su muerte cuando pronunció: «Padre, perdónalos, porque no saben lo que hacen». Pero aún más, es la proclamación de cada alma salvada: «He sido perdonada. Por lo tanto, debo perdonar».

Insisto, ojalá estuviéramos juntos este rato sentados a la mesa gris. A estas alturas no creo que quede mucho que decir; es probable que solo te abrace y ponga una nota en tu mano con algo que escribí justo para ti: «La belleza del perdón» (la verás al voltear esta página). Después de despedirnos, te voy a visualizar leyendo la nota y sonriendo.

Sobrevivimos. Ahora podemos seguir adelante, viviendo en verdad, porque sabemos que el secreto para la sanidad se encuentra verdaderamente en el perdón.

LA BELLEZA DEL
perdón

ESTO ES PERDÓN: Tomar la decisión de que quienes te hirieron ya no van a limitarte, calificarte o proyectar sobre ti las mentiras que creen de sí mismos.

En algún lugar del camino ellos fueron heridos, gravemente heridos. No son necesariamente malas personas, pero es probable que sean **PERSONAS NO SANADAS.** Cuando las personas tienen una herida profunda que sienten que deben proteger, lo que proyectan con frecuencia es el dolor de ese lugar supurante.

Por lo tanto, debes tomar la decisión de que su agravio no te definirá ni te limitará mediante la más mínima **AMARGURA.**

La suma total de tu vida maravillosa no debe reducirse a las limitaciones de vivir herido. La forma completamente encantadora, hermosa, divertida y genial en que **DIOS TE HIZO** no debe ser manchada por alguien que perdió el rumbo. Las mentiras que erróneamente creyeron e intentaron hacerte creer no deben convertirse en una carga que lleves, ni en un guion que repitas.

Tienes demasiadas bendiciones para que te paralice la ira, te persiga el resentimiento o te detenga el miedo. Crece en la **GRACIA DE DIOS** al darla con amabilidad y aceptarla de manera gratuita.

Levanta los brazos en señal de victoria y declara: «¡Soy **LIBRE PARA PERDONAR** y así poder vivir!».

Hazlo una, dos, y hasta setenta veces siete. Haz que sea un hecho innegable que eres alguien destinado para estar un día en el **CIELO**.

El mensaje de perdón que te atreves a declarar es la evidencia de que **JESÚS ESTÁ EN TI,** y que nadie podría negar. Cántalo como un himno, pues el que estaba aplastado no puede silenciar su alegría. Dispérsalo como confeti, coloreando lo lívido de sobrevivir con el esplendor de prosperar. Libéralo cual la fragancia fantástica que a todos gusta y de la que siempre quieren más.

Ahora pon tus dedos en tu pulso. ¿Sientes eso? Es tu corazón que late, bombea y desea que sigas hacia adelante y hacia arriba. Tu futuro está **LLENO DE POSIBILIDADES** y nuevas alegrías que no querrás perderte.

Así que déjate llevar un poco por el sonido de esa canción... ya sabes, la que, cuando su ritmo se acelera por completo, hace que sea imposible que te mantengas quieto. Y si no es una canción de alabanza, **CÁNTALE A JESÚS** de todos modos.

¡Danza! ¡Y canta! Es hora de seguir adelante y seguir viviendo. Esto, querido lector, es la **BELLEZA DEL PERDÓN.**

Ve a la página electrónica: https://proverbs31.org/forgiveness para que encuentres un enlace donde puedes obtener una versión para imprimir de «La belleza del perdón».

UNA TRAVESÍA A TRAVÉS DE LO QUE LA BIBLIA PLANTEA EN REALIDAD SOBRE EL PERDÓN

SEAMOS HONESTOS, cuando nos encontramos más heridos emocionalmente, por lo general, nuestra mentalidad no es lo más bíblica que digamos. Entonces, cuando las luchas en las relaciones comienzan a jalar mi corazón hacia la frustración y quieren alejarlo del perdón, cuando llegan tiempos difíciles y mis emociones aceleradas amenazan con desparramarse y dar lugar a todo tipo de caos, necesito recordarme abrir mi Biblia antes de abrir mi boca. Pero intentar pensar en todos los versículos y pasajes que sean aplicables cuando estoy en medio de una situación difícil puede ser abrumador. Necesito una guía de referencia a la que recurrir cuando de repente preciso sabiduría y perspectiva.

Por lo tanto, reuní todos los versículos bíblicos que he estado investigando sobre el perdón, y los agrupé en un recurso sucinto con la esperanza de que sea un punto de partida poderoso que nos recuerde a ti y a mí dónde ubicar las orientaciones de Dios para las dinámicas que continuaremos enfrentando dentro de las complejidades de las relaciones humanas.

La Palabra de Dios es poderosamente efectiva para desbastar todas mis justificaciones para permanecer enojada, probar que estoy en lo cierto, revolcarme en la falta de perdón, y manejar las cosas en la carne. Es posible vivir de una manera diferente; y eso es lo que deseo. Pero será necesario que el poder de Dios obre en mí. Para recibir más de Su fuerza, tengo que dejar espacio para que más de Su verdad llene mi corazón, mente y boca. Entonces, antes de emprender juntos una travesía por la Biblia, me arrodillo ante el Señor, y le pido que me cambie.

La humildad invita el poder de Dios.

El orgullo deja fuera el poder de Dios.

El salmista nos dice: «El malvado levanta insolente la nariz, y no da lugar a Dios en sus pensamientos» (Salmos 10:4).

Esto no tiene como intención, en modo alguno, condenarnos por lo que no hemos hecho en el pasado. Más bien, tiene como objetivo arrojar luz sobre lo que es posible en el futuro. Las convicciones de Dios ayudan a transformar la forma en que procesamos, actuamos, reaccionamos, hablamos y nos relacionamos unos con otros. No es una carga que debemos agregar a nuestras dificultades, sino todo lo contrario. Es el camino a la libertad. En 2 Corintios 3:17 se nos promete: «Ahora bien, el Señor es el Espíritu; y donde está el Espíritu del Señor, allí hay libertad». No sé tú, pero yo quiero esa libertad y la transformación que la Palabra de Dios me ofrece a mí y a mis relaciones. Entonces empecemos.

～～

Aquí está lo que la Biblia plantea sobre el perdón. Ciertamente Dios nos manda que perdonemos, porque Él nos ha perdonado:

> De modo que se toleren unos a otros y se perdonen si alguno tiene queja contra otro. Así como el Señor los perdonó, perdonen también ustedes. **(Colosenses 3:13)**

> Más bien, sean bondadosos y compasivos unos con otros, y perdónense mutuamente, así como Dios los perdonó a ustedes en Cristo. **(Efesios 4:32)**

El perdón es parte de la oración que Jesús nos enseñó para nuestra rutina diaria:

«Ustedes deben orar así: "Padre nuestro que estás en el cielo, santificado sea tu nombre, venga tu reino, hágase tu voluntad en la tierra como en el cielo. Danos hoy nuestro pan cotidiano. Perdónanos nuestras deudas, como también nosotros hemos perdonado a nuestros deudores. Y no nos dejes caer en tentación, sino líbranos del maligno". Porque si perdonan a otros sus ofensas, también los perdonará a ustedes su Padre celestial. Pero si no perdonan a otros sus ofensas, tampoco su Padre les perdonará a ustedes las suyas». **(Mateo 6:9-15)**

Existe una conexión innegable entre lo que realmente creemos que es verdad sobre el perdón vertical y nuestra disposición a extender el perdón horizontal. Charles Spurgeon expresó: «Ser perdonado es una dulzura tal que en comparación la miel resulta insípida. Sin embargo, hay una cosa más dulce aún, y es perdonar. Como hay más bendición en dar que en recibir, de este modo perdonar te eleva a una experiencia más sublime que ser perdonado».[1]

Sé que el perdón puede ser intensamente difícil. Puede parecer uno de los mandamientos más injustos de Dios. No obstante, debemos recordar quién nos pide que perdonemos: Dios. Es el Padre misericordioso y Dios de toda consolación. Por lo tanto, a medida que nos conducimos por el perdón, dentro de las complejidades de las relaciones donde hemos sido profundamente heridos y, a veces, incluso abusados, el mandato de Dios a perdonar no carece de Su misericordia y consolación.

Alabado sea el Dios y Padre de nuestro Señor Jesucristo, Padre misericordioso y Dios de toda consolación, quien nos consuela en todas nuestras tribulaciones para que con el mismo consuelo que de Dios hemos recibido, también nosotros podamos consolar a todos los que sufren. Pues así como participamos

> abundantemente en los sufrimientos de Cristo, así también por medio de él tenemos abundante consuelo. **(1 Corintios 1:3-5)**

Él ve cómo has sido herido. Él se ocupará de tus sitios quebrantados. La falta de perdón nunca ha sanado a nadie. La falta de perdón nunca ha mejorado el dolor de nadie. La falta de perdón nunca ha enmendado un corazón quebrantado. Pero ¿y el Dios que a la vez da y exige perdón? Él sí ha hecho todas esas cosas. Él es nuestro Sanador.

> Restaura a los abatidos y cubre con vendas sus heridas. **(Salmos 147:3)**

Dios no solo nos sana, sino que nos ha dado Su Espíritu para que more en nosotros y nos ayude en nuestra debilidad. Cuando el perdón parezca imposible, podemos pedirle al Espíritu que interceda a nuestro favor y nos ayude.

> Así mismo, en nuestra debilidad el Espíritu acude a ayudarnos. No sabemos qué pedir, pero el Espíritu mismo intercede por nosotros con gemidos que no pueden expresarse con palabras. Y Dios, que examina los corazones, sabe cuál es la intención del Espíritu, porque el Espíritu intercede por los creyentes conforme a la voluntad de Dios. Ahora bien, sabemos que Dios dispone todas las cosas para el bien de quienes lo aman, los que han sido llamados de acuerdo con su propósito. **(Romanos 8:26-28)**

Perdonar no significa que el que te hirió queda liberado de las consecuencias de su pecado; pero sí significa que, al confiar en que Dios aplicará Su justicia con las medidas apropiadas de misericordia, estamos rechazando llevar la carga de vengarnos nosotros mismos. ¿Y la persona que te dañó… abusó de ti… o desechó los votos y las promesas que te hizo? El perdón no la exonera, ni toma en poco el dolor que te causó. Sin embargo, sí te libera de permitirle que lo que hizo te cause más dolor. Ya has sufrido bastante. Ponlo en las manos de Dios. Deja espacio para que Él haga lo que solo Él debe hacer.

> No tomen venganza, hermanos míos, sino dejen el castigo en las manos de Dios, porque está escrito: «Mía es la venganza; yo pagaré», dice el Señor. **(Romanos 12:19)**

A Jesús lo trataron con injusticia y crueldad; sin embargo, no tomó represalias. Simplemente dejó que Dios tuviera la última palabra.

> Cuando proferían insultos contra él, no replicaba con insultos; cuando padecía, no amenazaba, sino que se entregaba a aquel que juzga con justicia. **(1 Pedro 2:23)**

Y debemos seguir los pasos de Cristo.

> Para esto fueron llamados, porque Cristo sufrió por ustedes, dándoles ejemplo para que sigan sus pasos. **(1 Pedro 2:21)**

Sin embargo, ¿dónde se encuentran los parámetros para las situaciones complicadas donde perdonar a alguien pudiera dar la impresión de que le damos acceso continuo a que nos siga lastimando? Debemos entender que, si bien el perdón es un mandato, la reconciliación solo se alienta según sea posible.

> Si es posible, y en cuanto dependa de ustedes, vivan en paz con todos. **(Romanos 12:18)**

«Si es posible» me indica que a veces no es posible. Pero luego «en cuanto dependa de ustedes» me recuerda lo que debo hacer para que esto sea posible. Los versículos alrededor de Romanos 12:18 son muy instructivos.

> Bendigan a quienes los persigan; bendigan y no maldigan [...]. No sean arrogantes... No se crean los únicos que

saben. No paguen a nadie mal por mal... No tomen venganza. **(Romanos 12:14, 15-17, 19)**

Sin embargo, o a veces la única forma de vivir en paz con algunas personas es recordar que, mientras que el *perdón* es ilimitado e incondicional...

> Pedro se acercó a Jesús y le preguntó: —Señor, ¿cuántas veces tengo que perdonar a mi hermano que peca contra mí? ¿Hasta siete veces?
> —No te digo que hasta siete veces, sino hasta setenta y siete veces —le contestó Jesús—. **(Mateo 18:21-22)**

... la *reconciliación* es limitada y condicional sobre la base del arrepentimiento, su disposición a ser discipulados, y su humildad en el proceso de restauración. Cuando las personas se arrepienten, debemos perdonarlas incluso cuando son reincidentes. El arrepentimiento aquí es clave porque están en el proceso de aprender a pensar y actuar de manera diferente.

> «Así que, ¡cuídense! Si tu hermano peca, repréndelo; y si se arrepiente, perdónalo. Aun si peca contra ti siete veces en un día, y siete veces regresa a decirte "Me arrepiento", perdónalo». **(Lucas 17:3-4)**

Además, debemos consolar al arrepentido y no agregarle cargas adicionales durante su arrepentimiento.

> Si alguno ha causado tristeza, no me la ha causado solo a mí; hasta cierto punto —y lo digo para no exagerar— se la ha causado a todos ustedes. Para él es suficiente el castigo que le impuso la mayoría. Más bien debieran perdonarlo y consolarlo para que no sea consumido por la excesiva tristeza. Por eso les ruego que reafirmen su amor hacia él. Con este propósito les escribí: para

> ver si pasan la prueba de la completa obediencia. A quien ustedes perdonen, yo también lo perdono. De hecho, si había algo que perdonar, lo he perdonado por consideración a ustedes en presencia de Cristo, para que Satanás no se aproveche de nosotros, pues no ignoramos sus artimañas. **(2 Corintios 2:5-11)**

Recuerda, la reconciliación bíblica exige el arrepentimiento auténtico, y mediante él se demuestra. Fíjate en la disposición de la persona por corregir las cosas.

> Pero Zaqueo dijo resueltamente: —Mira, Señor: Ahora mismo voy a dar a los pobres la mitad de mis bienes, y si en algo he defraudado a alguien, le devolveré cuatro veces la cantidad que sea. **(Lucas 19:8)**

No obstante, si se rehúsan a escuchar, no pueden ser discipulados, lo que anula el proceso de restauración, y debes hacer lo que Mateo 18:17 (NTV) manda: «... trata a esa persona como a un pagano o como a un corrupto cobrador de impuestos». Pero ten cuidado de no interpretar ese último versículo como «recházalo». Lo que significa es que la relación de intimidad de hermano o hermana en Cristo, donde la confianza en su madurez hace que esa persona tenga acceso a tu vida y ejerza influencia, debe ser cambiada por una relación de tipo más misional con mucha menos intimidad.

> Si un creyente peca contra ti, háblale en privado y hazle ver su falta. Si te escucha y confiesa el pecado, has recuperado a esa persona. Pero, si no te hace caso, toma a uno o dos más contigo y vuelve a hablarle, para que los dos o tres testigos puedan confirmar todo lo que digas. Si aún así la persona se niega a escuchar, lleva el caso ante la iglesia. Luego, si la persona no acepta la decisión de la iglesia, trata a esa persona como a un pagano o como a un corrupto cobrador de impuestos. Les digo

la verdad, todo lo que prohíban en la tierra será prohibido en el cielo, y todo lo que permitan en la tierra será permitido en el cielo. **(Mateo 18:15-18, NTV)**

Jesús no desechó al recaudador de impuestos ni al pagano; Él comió con ellos y les dio testimonio y continuó llamándolos a seguir un camino mejor.

Hay ocasiones en que se requiere el perdón, pero la reconciliación es perjudicial; como cuando al creyente se le permite continuar viviendo en pecado activo e influir negativamente en la iglesia. La palabra *expulsar* en el versículo que viene debajo significa «quitar». No debes permitir que las decisiones de vida de esa persona influyan en ti ni que se mezclen en modo alguno con tus decisiones de vida hasta que se arrepientan y ya no estén en pecado continuo y activo.

Pero en esta carta quiero aclararles que no deben relacionarse con nadie que, llamándose hermano, sea inmoral o avaro, idólatra, calumniador, borracho o estafador. Con tal persona ni siquiera deben juntarse para comer. **(1 Corintios 5:11)**

El versículo 13 continúa diciendo: «Expulsen al malvado de entre ustedes».

También hay situaciones muy claras en las que está prohibida la reconciliación: cuando las personas son abusivas, están fuera de control y son peligrosas emocional, física y espiritualmente.

Ahora bien, ten en cuenta que en los últimos días vendrán tiempos difíciles. La gente estará llena de egoísmo y avaricia; serán jactanciosos, arrogantes, blasfemos, desobedientes a los padres, ingratos, impíos, insensibles, implacables, calumniadores, libertinos, despiadados, enemigos de todo lo bueno, traicioneros, impetuosos, vanidosos y más amigos del placer que de Dios.

> Aparentarán ser piadosos, pero su conducta desmentirá el poder de la piedad. ¡Con esa gente ni te metas! **(2 Timoteo 3:1-5)**

Lo que no sé es cómo darte una fórmula en cuanto a dónde están esos límites y cómo saber siempre cuándo no tener nada que ver con alguien. Para eso, tengo que confiar en que el Espíritu Santo te guiará a toda verdad, como Jesús promete en Juan 16:13. De todos modos, debemos vivir en paz con todos, así que si no podemos hacer eso con ellos desde muy cerca, tracemos los límites apropiados para mantener la paz dentro y la amargura fuera.

> Busquen la paz con todos, y la santidad, sin la cual nadie verá al Señor. Asegúrense de que nadie deje de alcanzar la gracia de Dios; de que ninguna raíz amarga brote y cause dificultades y corrompa a muchos. **(Hebreos 12:14-15)**

No obstante, independientemente de cómo estemos respecto a la reconciliación, el perdón es lo que Jesús nos da, nos modela y nos llama a practicar. No debemos renunciar a todas las personas.

> ¿Cómo sabemos si hemos llegado a conocer a Dios? Si obedecemos sus mandamientos... el que afirma que permanece en él, debe vivir como él vivió... El que afirma que está en la luz, pero odia a su hermano, todavía está en la oscuridad. El que ama a su hermano permanece en la luz, y no hay nada en su vida que lo haga tropezar. **(1 Juan 2:3, 6, 9-10)**

Y cuando oramos, debemos examinar nuestro corazón para ver si alberga rencores, y mantenerlos limpios mediante el perdón.

> Y cuando estén orando, si tienen algo contra alguien, perdónenlo, para que también su Padre que está en el cielo les perdone a ustedes sus pecados. **(Marcos 11:25)**

Cuando damos nuestra ofrenda, también debemos examinar nuestro corazón.

> Por lo tanto, si estás presentando tu ofrenda en el altar y allí recuerdas que tu hermano tiene algo contra ti, deja tu ofrenda allí delante del altar. Ve primero y reconcíliate con tu hermano; luego vuelve y presenta tu ofrenda. **(Mateo 5:23-24)**

Somos llamados embajadores de Cristo y se nos ha dado el ministerio de la reconciliación entre Dios y los no creyentes.

> ... Dios... reconcilió consigo mismo y nos dio el ministerio de la reconciliación. [...]. Así que somos embajadores de Cristo, como si Dios los exhortara a ustedes por medio de nosotros: «En nombre de Cristo les rogamos que se reconcilien con Dios». **(2 Corintios 5:18, 20)**

Y para los creyentes debemos ser embajadores de la unidad de Cristo, de modo que el mundo que nos observa se sienta atraído por las obras de Dios, el amor de Jesús y la familia de los creyentes. De hecho, justo antes de que Jesús fuera crucificado, esto es exactamente lo que pidió al Padre para los creyentes: ¡unidad!

> «No ruego solo por estos. Ruego también por los que han de creer en mí por el mensaje de ellos, para que todos sean uno. Padre, así como tú estás en mí y yo en ti, permite que ellos también estén en nosotros, para que el mundo crea que tú me has enviado. Yo les he dado la gloria que me diste, para que sean uno, así como nosotros somos uno: yo en ellos y tú en mí. Permite que alcancen la perfección en la unidad, y así el mundo reconozca que tú me enviaste y que los has amado a ellos tal como me has amado a mí». **(Juan 17:20-23)**

Para aquellos que causan divisiones, la Biblia menciona consecuencias severas.

> Al que cause divisiones, amonéstalo dos veces, y después evítalo. Puedes estar seguro de que tal individuo se condena a sí mismo por ser un perverso pecador. **(Tito 3:10-11)**

Nuestras palabras son evidencia de lo que hay en nuestros corazones.

> «... De la abundancia del corazón habla la boca». **(Mateo 12:34)**

Debemos vaciar nuestros corazones de amargura, ira, enojo, gritos, calumnias y toda forma de malicia para que podamos reflejar adecuadamente con nuestras palabras y hechos los hermosos rasgos de la bondad, la compasión y el perdón.

> Abandonen toda amargura, ira y enojo, gritos y calumnias, y toda forma de malicia. Más bien, sean bondadosos y compasivos unos con otros, y perdónense mutuamente, así como Dios los perdonó a ustedes en Cristo. **(Efesios 4:31-32)**

Sin embargo, a veces este mandamiento parece imposible de obedecer. ¿Cómo podemos hacer esto exactamente? Mientras estudiaba esta interrogante, vi un contexto fundamental en Efesios 3.

> «Por esta razón me arrodillo delante del Padre, de quien recibe nombre toda familia en el cielo y en la tierra. Le pido que, por medio del Espíritu y con el poder que procede de sus gloriosas riquezas, los fortalezca a ustedes en lo íntimo de su ser, para que por fe Cristo habite en sus corazones. Y pido que, arraigados y cimentados en amor, puedan comprender, junto con todos los santos, cuán ancho y largo, alto y profundo es el amor de Cristo; en fin, que conozcan ese amor que sobrepasa nuestro conocimiento, para que sean llenos de la plenitud de Dios». **(Efesios 3:14-19)**

Quiero esto, ser llena de la plenitud de Dios, para que las ofensas cotidianas no me lleven tan fácilmente a la ruina; y para poder vivir un mensaje de perdón que evidencie el poder de Dios obrando *en* mí y Su amor obrando *a través* de mí.

Cuantos más llenos estamos de Dios, menos y menos llenos estaremos de nosotros mismos. Cuanto más conocemos e imitamos los caminos de Dios, más humildes nos volvemos. Cuanto más humildes nos volvemos, más rápido deseamos someternos a Dios, resistir al diablo y asegurarnos de que las palabras que usamos contengan sabiduría piadosa y no amargura y egoísmo.

> Con la lengua bendecimos a nuestro Señor y Padre, y con ella maldecimos a las personas, creadas a imagen de Dios. De una misma boca salen bendición y maldición. Hermanos míos, esto no debe ser así. [...].
>
> «Dios se opone a los orgullosos, pero da gracia a los humildes». Así que sométanse a Dios. Resistan al diablo, y él huirá de ustedes. [...]. Hermanos, no hablen mal unos de otros...
> **(Santiago 3:9-10; 4:6-7, 11)**

Santiago 3:14-16 continúa:

> Pero si ustedes tienen envidias amargas y rivalidades en el corazón, dejen de presumir y de faltar a la verdad. Esa no es la sabiduría que desciende del cielo, sino que es terrenal, puramente humana y diabólica. Porque donde hay envidias y rivalidades, también hay confusión y toda clase de acciones malvadas.

Debemos ser rápidos para escuchar, pero mucho más lentos para reaccionar.

> Mis queridos hermanos, tengan presente esto: Todos deben estar listos para escuchar, y ser lentos para hablar y para enojarse.
> **(Santiago 1:19)**

Y cuando hablemos, debemos tener en cuenta:

> La respuesta amable calma el enojo, pero la agresiva echa leña al fuego. **(Proverbios 15:1)**

Y a veces, es mejor no decir absolutamente nada.

> «Sin leña se apaga el fuego; sin chismes se acaba el pleito». **(Proverbios 26:20)**

Lo que Dios nos pide hacer, a menudo parecerá extraño y opuesto a lo que nuestras tendencias humanas naturales desean. Pero debemos tener la mente de Cristo en nuestras relaciones.

> «Por tanto, si sienten algún estímulo en su unión con Cristo, algún consuelo en su amor, algún compañerismo en el Espíritu, algún afecto entrañable, llénenme de alegría teniendo un mismo parecer, un mismo amor, unidos en alma y pensamiento. No hagan nada por egoísmo o vanidad; más bien, con humildad consideren a los demás como superiores a ustedes mismos. Cada uno debe velar no solo por sus propios intereses, sino también por los intereses de los demás. La actitud de ustedes debe ser como la de Cristo Jesús». **(Filipenses 2:1-5)**

En las áreas donde uno es herido, agraviado o insultado, vemos especialmente cómo funciona la mente de Cristo, al devolver bien por mal. Pero ten en cuenta que Dios verá nuestros esfuerzos por hacer lo que Él nos pide, lo cual nos trae una bendición.

> «No devuelvan mal por mal ni insulto por insulto; más bien, bendigan, porque para esto fueron llamados, para heredar una bendición». **(1 Pedro 3:9)**

La única forma en que esto es posible es si vivimos como alguien que ha sido realmente vivificado en Cristo.

Ya que han resucitado con Cristo, busquen las cosas de arriba, donde está Cristo sentado a la derecha de Dios. Concentren su atención en las cosas de arriba, no en las de la tierra, pues ustedes han muerto y su vida está escondida con Cristo en Dios. Cuando Cristo, que es la vida de ustedes, se manifieste, entonces también ustedes serán manifestados con él en gloria.

Por tanto, hagan morir todo lo que es propio de la naturaleza terrenal: inmoralidad sexual, impureza, bajas pasiones, malos deseos y avaricia, la cual es idolatría. Por estas cosas viene el castigo de Dios.

Ustedes las practicaron en otro tiempo, cuando vivían en ellas.

Pero ahora abandonen también todo esto: enojo, ira, malicia, calumnia y lenguaje obsceno.

Dejen de mentirse unos a otros, ahora que se han quitado el ropaje de la vieja naturaleza con sus vicios, y se han puesto el de la nueva naturaleza, que se va renovando en conocimiento a imagen de su Creador. En esta nueva naturaleza no hay griego ni judío, circunciso ni incircunciso, culto ni inculto, esclavo ni libre, sino que Cristo es todo y está en todos.

Por lo tanto, como escogidos de Dios, santos y amados, vístanse de afecto entrañable y de bondad, humildad, amabilidad y paciencia, de modo que se toleren unos a otros y se perdonen si alguno tiene queja contra otro. Así como el Señor los perdonó, perdonen también ustedes. Por encima de todo, vístanse de amor, que es el vínculo perfecto. **(Colosenses 3:1-14)**

A veces, lo que nos impide querer perdonar es que sentimos que somos los buenos; los que seguimos las reglas, e hicimos lo que se esperaba de nosotros y tomamos buenas decisiones… sin embargo, salimos heridos porque la otra persona no tomó buenas decisiones.

Pero solo Dios conoce la historia completa de todo lo que ese que nos hirió ha sufrido, y que lo llevó a una posición tan difícil como para tomar las decisiones que tomó. Eso no justifica lo que hizo. Y créeme, lo escribo porque yo misma he luchado con esto y descubrí algo que no es divertido: si sentimos que somos mejores que la otra persona, será casi imposible perdonarla. Sin embargo, si recordamos que se nos ha perdonado mucho, es más probable que perdonemos mucho.

> Pues todos han pecado y están privados de la gloria de Dios. **(Romanos 3:23)**

> No juzguen a nadie, para que nadie los juzgue a ustedes. Porque tal como juzguen se les juzgará, y con la medida que midan a otros, se les medirá a ustedes. **(Mateo 7:1-2)**

Sé que esto es difícil. Incluso cuando el apóstol Pablo escribió a la iglesia en Roma, él reconoció la lucha para lidiar contra lo que nuestra carne desea.

> … cuando quiero hacer el bien, me acompaña el mal. Porque en lo íntimo de mi ser me deleito en la ley de Dios; pero me doy cuenta de que en los miembros de mi cuerpo hay otra ley, que es la ley del pecado. Esta ley lucha contra la ley de mi mente, y me tiene cautivo. **(Romanos 7:21-23)**

Sin embargo, Pablo también nos recuerda que el amor de Cristo nos obliga y, debido a que pertenecemos a Cristo, es posible vivir como una nueva creación.

> El amor de Cristo nos obliga, porque estamos convencidos de que uno murió por todos, y por consiguiente todos murieron. Y él murió por todos, para que los que viven ya no vivan para sí, sino para el que murió por ellos y fue resucitado. Así que de

ahora en adelante no consideramos a nadie según criterios meramente humanos. Aunque antes conocimos a Cristo de esta manera, ya no lo conocemos así. Por lo tanto, si alguno está en Cristo, es una nueva creación. ¡Lo viejo ha pasado, ha llegado ya lo nuevo!». **(2 Corintios 5:14-17)**

En última instancia, debemos recordar que nuestra lucha no es realmente contra otros seres humanos. No son ellos contra nosotros y nosotros contra ellos. Somos todos contra el enemigo verdadero: el diablo. Y no hemos sido abandonados a nuestra suerte para pelear la verdadera batalla contra el mal.

Por último, fortalézcanse con el gran poder del Señor. Pónganse toda la armadura de Dios para que puedan hacer frente a las artimañas del diablo. Porque nuestra lucha no es contra seres humanos, sino contra poderes, contra autoridades, contra potestades que dominan este mundo de tinieblas, contra fuerzas espirituales malignas en las regiones celestiales. Por lo tanto, pónganse toda la armadura de Dios, para que cuando llegue el día malo puedan resistir hasta el fin con firmeza. Manténganse firmes, ceñidos con el cinturón de la verdad, protegidos por la coraza de justicia, y calzados con la disposición de proclamar el evangelio de la paz. Además de todo esto, tomen el escudo de la fe, con el cual pueden apagar todas las flechas encendidas del maligno. Tomen el casco de la salvación y la espada del Espíritu, que es la palabra de Dios. Oren en el Espíritu en todo momento, con peticiones y ruegos. Manténganse alerta y perseveren en oración por todos los santos. **(Efesios 6:10-18)**

Y por último, me encanta este sencillo versículo que nos recuerda que dejemos que el Señor guíe nuestros corazones:

> Que el Señor los lleve a amar como Dios ama, y a perseverar como Cristo perseveró. **(2 Tesalonicenses 3:5)**

Estoy muy agradecida por la Palabra de Dios, y por cómo nos da un fundamento de la verdad, a la que podemos recurrir cuando las incertidumbres de las relaciones difíciles nos hacen querer actuar y reaccionar según nuestras emociones. Pero, déjame quitarme el sombrero de maestra de la Biblia por un momento, extender la mano hasta el otro extremo de la mesa, tomar la tuya como amiga, y reconocer que nada de esto es fácil. Sé que cuando hablamos de perdón traemos a colación recuerdos de algunas de las cosas más difíciles por las que has pasado en toda tu vida. Entonces, por favor debes saber que presento todo esto con empatía, ternura, gracia y oración para tu travesía. Lo único que te pido a cambio es que también ores por mí. Como he dicho antes, estamos juntos en esto.

LAS PREGUNTAS MÁS FRECUENTES QUE LE HACEN A LYSA SOBRE EL PERDÓN

A veces, la parte más difícil del perdón es perdonarme a mí misma. ¿Cómo lo hago?

Entiendo esta pregunta. Puede ser muy difícil superar los sentimientos de vergüenza y arrepentimiento por las decisiones que hemos tomado y las acciones que desearíamos poder volver atrás y cambiar. Pero, cuando investigué el concepto de perdonarnos a nosotros mismos, me sorprendió un poco descubrir que no está en la Biblia. Comencé a darme cuenta de que, así como no podemos lograr la salvación sin Dios, no podemos otorgarnos el perdón. El perdón comienza con Dios.

Como no somos el juez, no podemos perdonarnos a nosotros mismos. Entonces, cuando sentimos que estamos luchando con el perdón para nosotros, lo que sucede en realidad es una lucha para recibir y vivir a plenitud en el perdón de Dios. El enemigo de nuestras almas quiere que vivamos en una condenación que no viene de Dios. Y quiere que carguemos una vergüenza tan paralizante que no desearemos testificar de manera personal de la obra consumada de Jesús en la cruz. Recuerda que Apocalipsis 12:11 nos enseña que el enemigo es derrotado por la sangre del Cordero y por la palabra de nuestro testimonio. Satanás hará todo lo posible para tratar de evitar que compartamos el testimonio del perdón y la redención de Jesús.

Jesús dio Su vida para perdonar nuestros pecados, y esto no es solo *una parte* de la fe cristiana… el perdón es la piedra angular de la fe cristiana. El perdón de nuestros pecados no es solo una esperanza que abrigamos; es la realidad más maravillosa para todos los que deciden recibir la salvación al aceptar a Jesús como el Señor de sus vidas.

A menudo, lo que nos impide caminar como personas perdonadas es la lucha que enfrentamos con los sentimientos de vergüenza y remordimiento. Estas son cargas extremadamente pesadas de llevar. Entiendo la vergüenza y el remordimiento en un nivel muy profundo. He soportado el peso de saber que tengo cáncer. He llevado la carga de un corazón roto. Pero el peso de la vergüenza es, por mucho, el más aplastante que he conocido.

Cuando tenía poco más de veinte años, tomé la decisión de abortar. Y luego deseé con todo mi ser poder regresar atrás y cambiar esa decisión. Pero no podía. Saber que no se podía hacer nada para revertir aquella decisión me llenó de dolor. Luego, cada vez que algo me hacía pensar en el bebé, me horrorizaba la mentira que la clínica de abortos me había hecho creer. Me habían explicado que solo eran células en proceso de división. No obstante, después, entendí que la vida comienza en la concepción y eso me devastó.

Y entonces, cada vez que escuchaba a otras personas hablar con severidad sobre el aborto, me llenaba de vergüenza. Sinceramente, no pensé que alguna vez sería libre de esa culpa. Parecía una sentencia de cadena perpetua del remordimiento, el dolor y la pérdida más dolorosos que alguna vez hubiera conocido.

Yo afirmaba: «No puedo perdonarme a mí misma». Lo que quería decir era: «No creo que el perdón sea posible para una persona como yo. Y no creo que alguna vez sea libre de la vergüenza por lo que he hecho».

Aquí hay tres cosas que finalmente me ayudaron a recibir el perdón de Dios y salir de la opresión del peso condenatorio de la vergüenza:

1. Al leer Salmos 32:5, me di cuenta de que necesitaba tener un momento definido de confesión, arrepentimiento y súplica de perdón a Dios: «Pero te confesé mi pecado, y no te oculté mi maldad. Me dije: "Voy a confesar mis transgresiones al Señor", y tú perdonaste mi maldad y mi pecado. Selah» (NVI). No podía hacer esto sola, porque que-

ría a alguien, un testigo, que me recordara siempre que había pedido el perdón de Dios y que, por lo tanto, había sido perdonada. También expresé en voz alta que había recibido el perdón de Dios, para poder tener un recuerdo certero de cuando reconocí Su regalo de misericordia. Como J. I. Packer escribió: «Es cierto que el perdón se recibe solo por la fe en Cristo, aparte de las obras, pero el arrepentimiento es el fruto de la fe, y una profesión de fe no es más real que el arrepentimiento que la acompaña».[1]

2. Tenía que recordar que la vergüenza y la acusación provienen del enemigo. Y al enemigo le encanta tener a las personas como rehenes de la vergüenza al mantener oculto lo que hicieron. Me aterrorizaba confesarles a las personas lo que había hecho, pero le dije a Dios que si alguna vez conocía a una joven en peligro de tomar la misma decisión desinformada que yo tomé, le compartiría mi historia. Cuando por fin dejé que Dios usara mi dolorosa elección para bien, comencé a ver destellos de redención. Ver a Dios tomar lo que el enemigo pretendía para mal, y usarlo para bien, no quitó mi dolor, pero comenzó a sanar mi vergüenza.

3. Dejé que aquella experiencia suavizara mi corazón. Saber lo que se siente cuando uno comete un error terrible me ha dado más compasión cuando otros cometen errores terribles. Ahora, recuerda que hablamos antes de no excusar el mal comportamiento en nombre de la compasión. Pero al mismo tiempo, tener una actitud de compasión nos ayuda a no avergonzar a los demás. No quiero que ningún otro ser humano cargue con el horrible peso de la vergüenza, y probablemente no sería tan sensible a los demás como lo soy ahora, si yo misma nunca hubiera llevado ese peso.

La vergüenza no viene de Dios. La condenación no es de Dios. Confiesa lo que has hecho. Pídele perdón a Dios. Recibe Su perdón.

Camina en Su libertad. Vive el mayor testimonio de la verdad que existe… la redención.

El perdón suele ser una parte habitual de las relaciones. Pero ¿cómo sé que mi relación ha llegado al punto de no ser saludable? En el capítulo sobre los límites hablaste sobre consentir. También escuché el término codependencia. ¿Cuáles son las características de la codependencia y cómo se manifiesta en las relaciones poco saludables?

Podemos y debemos sentir empatía cuando un ser querido sufre. Pero, como mencionamos en el capítulo sobre los límites, cuando consentimos su mal comportamiento, en especial cuando sucede una y otra vez, sin razonar cómo nos está dañando, y soñamos con que algún día entre en razón y que lo ayudaremos a salvarse, estamos en territorio peligroso. La mayoría de las veces, en realidad, terminamos consintiendo su disfunción.

Es entonces cuando, en el mundo de la consejería, comenzarás a escuchar términos como *adicción a las relaciones* o *codependencia*.

Aquí hay una cita que se ajusta con precisión a todo lo que hemos estado analizando:

Otro efecto de los límites deficientes es que, si otra persona tiene un problema, querrás ayudarla hasta el punto de entregarte a ti mismo. Es natural sentir empatía y simpatía por alguien, pero los codependientes comienzan a poner a los demás por delante de ellos mismos. De hecho, necesitan ayudar y pueden sentirse rechazados si la otra persona no quiere ayuda. Además, se mantienen tratando de ayudar y de arreglar a la otra persona, incluso cuando es obvio que esa persona no sigue su consejo.[2]

Me aterrorizó el término *codependiente* cuando lo escuché por primera vez, porque los calificativos pueden parecer extremos, permanentes y críticos. Sin embargo, al estudiar la dinámica de las relaciones sin límites apropiados, me di cuenta de que estos términos pueden proporcionar una conciencia sumamente útil. Solo un profesional puede transitar por las complejidades de identificar verdaderamente esta realidad, pero las meras definiciones de *codependencia* pueden ser reveladoras.

Aquí hay tres ideas en especial que me parecieron dignas de consideración:

1. La codependencia se caracteriza por la participación de una persona en una relación disfuncional y unilateral, en la que esa persona depende de la otra para satisfacer casi todas sus necesidades emocionales y de autoestima. También describe una relación que permite a la otra persona mantener su comportamiento irresponsable, adictivo o de bajo rendimiento.[3]

2. Muchos codependientes dan menos prioridad a sus propias necesidades, mientras se preocupan de manera excesiva por las necesidades de los demás. La codependencia puede tener lugar en cualquier tipo de relación, incluidas las relaciones familiares, laborales, de amistad y también románticas, de pares o comunitarias.[4]

3. A veces, un individuo puede, en los intentos por recuperarse de la codependencia, pasar de ser demasiado pasivo o en extremo generoso a ser demasiado agresivo o excesivamente egoísta.[5] Muchos terapeutas sostienen que encontrar un equilibrio mediante una seguridad en sí mismo saludable (que deja espacio para ser una persona compasiva y también para adoptar un comportamiento afectivo saludable) es la verdadera recuperación de la codependencia, y que volverse extremadamente egoísta, acosador o una persona adicta al conflicto no lo es.[6]

Una vez más, te doy estas observaciones clínicas, pero no para sugerir que las uses como una lente a través de la cual evalúes tus propias relaciones difíciles. Y ciertamente no como armas para arremeter contra otros; sino más bien como herramientas de concientización sobre cómo las relaciones saludables requieren individuos sanos con una comprensión sana de sus capacidades y la habilidad de establecer límites de equilibrio en lugar de extremos reaccionarios. Las personas en esas relaciones deben buscar pensamientos, patrones, comportamientos, acciones y reacciones saludables para sí mismas, lo cual ayuda a que la relación colectiva florezca.

Cuando una relación no florece, generalmente es porque ha entrado el perjuicio. Reconocer las señales de falta de vitalidad y saber qué parte es por causa nuestra y qué parte no, es uno de los beneficios clave de establecer límites saludables.

Descarga un video especial de parte de Lysa, en el que ella responde más preguntas sobre el perdón, tales como:

- ¿Cómo identificamos y corregimos las concepciones erróneas que hemos creído sobre el perdón?

- Ya que el perdón no exige reconciliación, ¿por qué decidiste quedarte y luchar por tu matrimonio?

- ¿Cuánto tiempo te tomó poder superar las emociones propias del perdón y pasar al encuentro del gozo verdadero en la relación?

- Dios requiere que perdonemos, pero ¿qué significa esto para las relaciones que no se pueden restaurar? En esos casos, ¿qué aspecto tiene el perdón?

- ¿Qué hacer cuando amas a la persona, pero no confías en ella?

- ¿Cómo se recibe el perdón de alguien más?

**VISITA PROVERBS31.ORG/FORGIVENESS-QUESTIONS
PARA VER EL VIDEO AHORA MISMO.**

Querido lector:

Para algunos de ustedes, este libro será exactamente lo que necesitan como guía en una temporada difícil o para procesar un dolor profundo. Sin embargo para algunos, este libro podría ser el punto de partida hacia su sanidad. Debido a que no poseo una licencia como consejera, y este libro no sustituye a la terapia, debes saber que hay algunas realidades difíciles en la vida en las que necesitarás que un consejero cristiano con licencia te ayude a orientarte. Por favor, sé honesto en cuanto a tu necesidad de recibir consejería. Estoy muy agradecida por los profesionales que con amor me han ayudado a orientarme a través de mis días más oscuros. Para mí siempre ha sido importante que los consejeros profesionales que he visto tengan una relación personal profundamente comprometida con Jesús, y que entiendan que la batalla debe librarse tanto en el ámbito físico como en el espiritual. Un gran recurso para encontrar un consejero cristiano en tu área es la American Association of Christian Counselors [Asociación Norteamericana de Consejeros Cristianos] en aacc.net. Con consejeros en cincuenta estados, su propósito es conectar a las personas que sufren con las personas que ayudan.

Estoy orando por ti, querido lector.

Con mucho cariño,

En algunos momentos a lo largo del libro, he hecho referencia a no excusar el abuso o el comportamiento disfuncional. Como ya has leído bastante sobre mis experiencias personales con el abuso, debes saber que mi corazón es inmensamente tierno y compasivo con todo aquel que enfrente esta dura realidad. Quería brindar esta información, por un lado como un punto de compasión y claridad sobre lo que es el abuso y por el otro sobre cómo encontrar ayuda potencial si estás enfrentando esta situación.

En un artículo publicado por *Psychology Today*,[1] encontré esta definición de abuso:

El abuso dentro de las familias es un comportamiento matizado y emocionalmente complejo. Es siempre dentro de una dinámica de poder y control que el abuso físico y emocional se perpetúa.

El abuso puede ser físico (tirones, empellones, apretones, bloqueo del paso, bofetadas, golpes, rasguños, contusiones, quemaduras, cortes, heridas, huesos rotos, fracturas, daños a órganos, lesiones permanentes o incluso asesinato), sexual (coqueteo sugestivo, propuestas, toques no deseados o inapropiados, besos, caricias en las partes íntimas, sexo oral o todo tipo de actividad sexual forzada) o emocional (negligencia, acoso, vergüenza, amenazas, trucos maliciosos, chantaje, castigos injustos, tareas crueles o degradantes, confinamiento, abandono).

Entonces, ¿qué plantea la Biblia sobre el abuso y qué hacemos con respecto al perdón en situaciones como estas? Veamos lo que Pablo le escribió a Timoteo:

Ahora bien, ten en cuenta que en los últimos días vendrán tiempos difíciles. La gente estará llena de egoísmo y avaricia; serán jactanciosos, arrogantes, blasfemos, desobedientes a los padres, ingratos, impíos, insensibles, implacables, calumniadores, libertinos, despiadados, enemigos de todo lo bueno, traicioneros, impetuosos, vanidosos y más amigos del placer que de Dios. Aparentarán ser piadosos, pero su conducta desmentirá el poder de la piedad. ¡Con esa gente ni te metas! (2 Timoteo 3:1-5)

Estoy agradecida por versículos como estos que de una manera clara afirman que debemos evitar a las personas abusivas. Sin embargo, cómo evitarlas y exactamente cómo llevar a cabo esto en nuestras realidades diarias es muy complejo. Es imposible poner una fórmula amplia y abarcadora sobre las relaciones difíciles. Existen variados factores que deben resolverse con personas capacitadas para reconocer el peligro y ayudar a los que se encuentran en situaciones de abuso a saber qué hacer y cómo hacerlo.

Aquí exponemos algunas ideas a considerar:

- Es bueno tener personas sabias que nos hablen, y procesar las preocupaciones de la vida con mentores piadosos y amigos de confianza. Aquí hay un buen versículo que te ayuda a discernir quiénes son las personas sabias en tu vida:

    ¿Quién es sabio y entendido entre ustedes? Que lo demuestre con su buena conducta, mediante obras hechas con la humildad que le da su sabiduría. Pero si ustedes tienen envidias amargas y rivalidades en el corazón, dejen de presumir y de faltar a la verdad. Esa no es la sabiduría que desciende del cielo, sino que es terrenal, puramente humana y diabólica.

Porque donde hay envidias y rivalidades, también hay confusión y toda clase de acciones malvadas. En cambio, la sabiduría que desciende del cielo es ante todo pura, y además pacífica, bondadosa, dócil, llena de compasión y de buenos frutos, imparcial y sincera. En fin, el fruto de la justicia se siembra en paz para los que hacen la paz. (Santiago 3:13-18)

• Estos amigos de confianza y mentores piadosos que nos hablan con sabiduría pueden ayudarnos a reconocer comportamientos que cruzan la línea y deben ser puestos en manos de un consejero profesional instruido en los temas en cuestión o, en situaciones más urgentes, en manos de las autoridades.

Si necesitas encontrar un consejero cristiano profesional en tu área, tanto Focus on the Family [Enfoque a la Familia] como The American Association of Christian Counselors [Asociación Estadounidense de Consejeros Cristianos] tienen recomendaciones en sus sitios electrónicos, o tu iglesia quizás también tenga una lista de consejeros cristianos de confianza que recomienden.

Por favor, lector, eres amado, no estás solo y no tienes que pasar por esto sin recibir ayuda. Recuerda, la persona que te está lastimando necesita ayuda que solo los profesionales capacitados pueden brindarle. Involucrar a las autoridades apropiadas no significa que no ames a esa persona… en realidad es por tu seguridad y la de ella.

AGRADECIMIENTOS

Art: La segunda mejor cosa de cada día es decirte: «Tú eres mi favorito». Pero lo mejor es cuando me respondes: «Tú eres mi única». Te amo. Es un gran honor vivir este mensaje valientemente a tu lado. Gracias por alentarme a escribirlo para enviarlo al mundo.

Jackson, Amanda, Michael, Hope, David, Ashley, Nick, Brooke y Mark: Ustedes son los más valientes entre los valientes, y el equipo más divertido con quien compartir la vida. Cuando era niña, yo soñé con los hijos que alguna vez tendría. Ustedes son un millón de veces mejores que mis sueños. Gracias por estar siempre dispuestos a jugar otro juego en familia, y por reconocer que yo soy la campeona reinante de los Nertz por siempre y siempre, amén. :)

Selena, Suzy, y Ryser: Gracias a ustedes ser una Abu es lo más divertido que yo hago. Atesoro verlas vivir de manera tan libre, reír tan intensamente, cantar con el mayor entusiasmo y bailar sin el más mínimo titubeo. Las amo por siempre.

Meredith, Lisa, Barb, y Glynnis: No hay un equipo más grandioso con el que pueda imaginar trabajar que el de ustedes. No tengo palabras para expresar mi agradecimiento por nuestros años de amistad y colaboración.

Hope: Detrás de cada escritor que alguna vez se atreve a juntar 70 000 palabras con sentido, hay una persona que desinteresadamente le mantiene el mundo girando en su eje. Gracias por ser esa persona para mí, que en las buenas y en las malas, siempre está a mi lado. Es un enorme gozo llamarte hija, e incluso mejor, llamarte amiga.

Joel: Mis mensajes no serían los mismos sin tu brillantez teológica, y las miles de horas que pasamos juntos estudiando la Palabra de Dios. Gracias por hacer que cada persona con la que compartes la vida quiera inclinarse y aprender más sobre el increíble Dios al que servimos.

Leah: Sabes que sin ti este mensaje se perdería en una maraña de archivos informáticos con nombres equivocados. La forma en que conduces la logística de llevar mis palabras al mundo es un verdadero don de Dios. Y sabes que en cada libro, el capítulo «Leah» suele ser mi favorito.

Shae: Vives el mensaje de Jesús de una manera sumamente hermosa en todos los sentidos. Gracias por no permitirme desistir cuando hice la lista de razones por las que no podía escribir este libro. Me has escuchado procesar este mensaje al derecho y al revés, y aún encuentras algo nuevo que aprender cada vez. Gracias por creer en mí de esa forma.

Amanda, Kristen y Taylor: Todos ustedes son un gozo pleno con esa actitud insuperable de «sí puedo hacerlo», y sus espíritus dispuestos. ¿Cómo puedo agradecerles lo suficiente por todo lo que invierten en nuestro equipo y en el proceso de escritura de mi libro? Gracias por preocuparse por este mensaje como si fuera de ustedes.

Kimberly: Nunca olvidaré aquella primera carta que me escribiste; entonces supe que Dios había enviado una respuesta a tantas oraciones que Leah y yo habíamos estado elevando. Gracias por decir que sí. Gracias por ayudarme a armar el estudio bíblico para este mensaje; y pasar horas y horas ayudando a que quedara bien.

Kaley, Madi, Riley, Alison, Kelsie, Micaela, Anna, Haley, Jenn, Meghan, Victoria, Melanie, Brittany, Meg: El genio creativo, ojo artístico y búsqueda apasionada de ustedes para embellecer nuestro trabajo y nuestras palabras me inspira cada día. Gracias por entregarse tan generosamente en cada proyecto que llevamos a cabo juntos. Sus huellas digitales danzan por todas las partes de este proyecto.

Tori: Gracias por hacer que el dicho «no juzgues un libro por su portada» no sea un problema aquí. En el momento en que vi lo que diseñaste, supe que era perfecto para este mensaje. Gracias por captar mis miles de palabras y millones de lágrimas con estilo, agallas y gracia.

Mi equipo en Proverbs 31 Ministries: Ustedes son increíblemente gentiles, flexibles, trabajadores, brillantes; y aman a Jesús. La forma en que todos llevan adelante nuestra misión es el sueño de todo líder. Pero la mejor cualidad de todas es la forma en que se preocupan intensamente por cada persona, cada llamada telefónica, cada clamor de ayuda y cada oportunidad de compartir las buenas nuevas. Los amo mucho.

La junta de Proverbs 31 Ministries: Ustedes se encuentran entre las mejores personas que he conocido. La sabiduría, la pasión por el evangelio y el amor que muestran por las personas que necesitan a Jesús me inspira y me impulsa a nunca dejar de soñar.

Jim: Tú miraste más allá de lo que había y te atreviste a dibujar imágenes mentales de lo que podría ser. Cuando este mensaje no era más que un sueño imposible para la chica desecha sentada frente a ti, tú transmitiste dignidad, sanidad y esperanza a lo más profundo de mi alma. Eres un consejero y amigo extraordinario.

Gilla: Mi maestra brillante y sabia amiga. Estoy más que agradecida por todo lo que me aportaste a mí y a este mensaje. Después de haber estudiado contigo, ya nunca veo la Escritura de la misma manera. Estoy más que deseosa de regresar a Tierra Santa y aprender juntas.

Mi equipo en Thomas Nelson: Jessica, Janene, Mark, Tim, Erica, Don, Laura, MacKenzie, Kristen, John: gracias por ser un equipo en el que puedo confiar. Gracias por nunca permitirme conformarme con palabras suficientemente buenas. Y gracias por sentarse y comunicarme lo que este libro ha significado para ustedes en lo personal.

Más que magníficos compañeros de trabajo, ustedes son grandes amigos con corazones fabulosos.

Meg, Doris, Jeremy, Mel y Lori: La vida con ustedes es más bella, organizada, saludable y viable. La forma en que me ayudan a dar vida a mis ideas locas es realmente especial. Gracias por preocuparse tanto por mí y por mi familia.

Adam y Allen: Ustedes no edifican solamente con ladrillo y mezcla. Ustedes crean con corazón, propósito, detalles esmerados y amor por las personas que harán vida en ese espacio. Estoy eternamente agradecida de que sepan cómo tomar una visión y darle vida.

Pastor y Holly, Chunks y Amy: Me encanta la familia de Elevation y estoy muy agradecida por cómo trasmiten verdad y vida a mi familia todas las semanas.

Jon y Angee, Rob y Michelle, Colette y Hamp, Chris y Tammy, Wes y Laci: No estaríamos aquí sin ustedes. La forma en que han amado a mi familia es como en las leyendas. Con ustedes a mi lado, me atrevo a atacar el infierno con una pistola de agua.

Shelley, Lisa B, Lisa H y Christine: Amigas, hermanas, guerreras, compañeras de oración; mujeres que elevan el alma y dan vida. Me ayudaron a encontrar mi camino hasta este mensaje.

Las damas extraordinarias que participaron en el grupo de enfoque para este mensaje; y que valientemente compartieron sus historias, sus luchas y sus victorias respecto al perdón.

El grupo para revisión del estudio bíblico... Leah, Joel, Kimberly, Amanda, Wendy, Nicole y Amy: Gracias por ser las primeras personas en leer este mensaje en su totalidad y por ser lo suficientemente valientes como para dejar que el mensaje los leyera a ustedes. La forma en que vi sus ojos iluminados me ayudó a saber que era el momento de lanzarlo al mundo.

Para ti, amigo lector. Desearía que nos sentáramos juntos en mi mesa gris en lugar de reunirnos a través de estas páginas con letras pixeladas y tinta. Por ahora, esto está bien. No obstante, un día, pongámonos al corriente sobre nuestras vidas en mi casa. Creo en ti y te envío mi cariño.

NOTAS

Capítulo 2: Bienvenido a la mesa

1. C. S. Lewis, *Mero cristianismo* (Nueva York: Rayo, 2006), p. 115.

Capítulo 4: ¿Cómo es posible el perdón cuando me siento así?

1. Bessel van der Kolk, *The Body Keeps the Score: Brain, Mind, and Body in the Healing of Trauma* (Nueva York: Penguin, 2014), pp. 54-55.

2. La imagen de la sangre de Jesús que cubre los pecados está arraigada de manera significativa y profunda en la práctica del Antiguo Testamento de proveer una ofrenda para la expiación del pecado (Levítico 1:4-5; 17:11). En el Antiguo Testamento se sacrificaba un animal y se derramaba su sangre; pero con el tiempo se necesitaba otro sacrificio y se derramaba más sangre. Sin embargo, en Cristo tenemos lo que C. S. Lewis llamó el «gran intercambio». Jesús es el sacrificio final y supremo, y Su sangre es suficiente para cubrir todos nuestros pecados. Entonces, ahora, cuando Dios ve al creyente, ya no ve nuestros pecados, sino que nos ve vestidos de Cristo (Gálatas 3:27), debido al sacrificio de Cristo en la cruz por la expiación de nuestros pecados (Hebreos 9:12).

Capítulo 6: Conectar los puntos

1. Lysa TerKeurst, *No debería ser así: Saca fuerzas cuando te sientas vencida* (Miami, FL: Origen/Penguin Random House, 2019), p. 62.

2. J. H. Merle D'Aubigné, *History of the Great Reformation of the Sixteenth Century in Germany, Switzerland, etc.*, trans. H. White, vol. 4 (Nueva York: Robert Carter, 1846), p. 183.

Capítulo 7: Corregir los puntos

1. Kat Eschner, "The Story of the Real Canary in the Coal Mine", *Smithsonian Magazine*, 30 diciembre 2016:

https://www.smithsonianmag.com/smart-news/
story-real-canary-coal-mine-180961570/.

Capítulo 8: Lo incambiable parece imperdonable

1. Agustín de Hipona, "A Treatise on the Merits and Forgiveness
   of Sins, and on the Baptism of Infants", en *San Agustín: Escritos
   antipelagianos*, ed. Philip Schaff, trans. Peter Holmes, vol. 5, *A
   Select Library of the Nicene and Post-Nicene Fathers of the Christian
   Church, First Series* (Nueva York: Christian Literature
   Company, 1887), p. 53.
2. Walter Grundmann, "Δύναμαι, Δυνατός, Δυνατέω, Ἀδύνατος,
   Ἀδυνατέω, Δύναμις, Δυνάστης, Δυναμόω, Ἐνδυναμόω,"
   ed. Gerhard Kittel, Geoffrey W. Bromiley y Gerhard Friedrich,
   Compendio del Diccionario Teologico del Nuevo Testamento
   (Grand Rapids, MI: Libros Desafío, 2002), p. 284.

Capítulo 10: Porque pensaron que Dios los salvaría

1. Definición de «esperanza», tomado del diccionario en línea de la
   Real Academia Española: https://dle.rae.es/esperanza?m=form.
2. Seth Stephens-Davidowitz, "Googling for God", 19 septiembre 2015,
   New York Times: https://www.nytimes.com/2015/09/20/opinion/sun-
   day/seth-stephens-davidowitz-googling-for- god.html? _r = 0.
3. C. H. Spurgeon, "Sorrow at the Cross Turned into Joy", en The
   Metropolitan Tabernacle Pulpit Sermons, vol. 24 (London:
   Passmore & Alabaster, 1878), p. 614.

Capítulo 11: Perdonar a Dios

1. C. S. Lewis, *Mero cristianismo* (Nueva York: Rayo, 2006), p. 205.

Capítulo 12: El rol que juega la pérdida

1. Audrey Gordon, "A Psychological Interpretation of
   the Laws of Mourning", *My Jewish Learning*, myjewi-
   shlearning.com, https://www.myjewishlearning.com/
   article/a-psychological-interpretation-of-the-laws-of-mourning/.

Capítulo 13: La amargura es un mal negocio que hace grandes promesas

1. Geerhardus Vos, "Peace", ed. James Hastings, Dictionary of the Apostolic Church, 2 vols. (Nueva York: Charles Scribner's Sons, 1916-1918), p. 159.

Una travesía a través de lo que la Biblia plantea en realidad sobre el perdón

1. Charles Spurgeon, "Divine Forgiveness Admired and Imitated: A Sermon Delivered on the Lord's Day Morning, 17 mayo 1885 por C. H. Spurgeon at the Metropolitan Tabernacle, Newington," no. 1841, sección II, en *The Complete Works of Spurgeon, Volume 31: Sermons 1816-1876* (Ft. Collins, CO: Delmarva Publications, 2013).

Las preguntas más frecuentes que le hacen a Lysa sobre el perdón

1. J. I. Packer: *Growing in Christ* (Wheaton, IL: Crossway Books, 1994), p. 193.
2. Darlene Lancer: "Symptoms of Codependency", sitio electrónico de Psych Central, 8 octubre 2018: https://psychcentral.com/lib/symptoms-of-codependency.
3. *Ibid*.
4. Codependents Anonymous: Patterns and Characteristics Archived, 2013-08-24 en la Wayback Machine.
5. R. H. Moos, J. W. Finney y R. C. Cronkite: *Alcoholism Treatment: Context, Process and Outcome* (Nueva York: Oxford University Press, 1990).
6. Glenn Affleck, Howard Tennen, Sydney Croog y Sol Levine: "Causal Attribution, Perceived Benefits, and Morbidity After a Heart Attack: An 8-Year Study" *Journal of Consulting and Clinical Psychology*, 55 (1): 29-35, doi: 10.1037/0022-006X.55.1.29. PMID 3571655.

Recibe la ayuda que necesitas

1. Blake Griffin Edwards, "Secret Dynamics of Emotional, Sexual, and Physical Abuse", *Psychology Today*, 23 febrero 2019: https://www.psychologytoday.com/us/blog/progress-notes/201902/secret-dynamics- emotional-sexual-and-physical-abuse.

Lysa TerKeurst es la presidenta de Proverbs 31 Ministries, y autora *best seller* del *New York Times* de *No debería ser así*, *Sin invitación*, *El mejor sí* y otros veintiún libros. Sin embargo, para quienes la conocen mejor, ella es simplemente una chica sencilla, con una Biblia muy gastada, que proclama la esperanza en medio de los tiempos buenos y de las realidades desgarradoras.

Fotografía por Kelsie Gorham

Lysa vive con su familia en Charlotte, Carolina del Norte. Conéctate con ella diariamente, ve fotos de su familia y sigue su calendario de conferencias:

Sitio electrónico: www.LysaTerKeurst.com

(Haz clic en «Eventos» para pedir información sobre si Lysa puede asistir para hablar en tu evento).

Facebook: www.Facebook.com/OfficialLysa

Instagram: @LysaTerKeurst

Twitter: @LysaTerKeurst

Si disfrutaste de *Perdona lo que no puedes olvidar*, equípate con recursos adicionales en:

www.ForgivingWhatYouCantForget.com

www.Proverbs31.org/forgiveness

Proverbs 31
MINISTRIES

ACERCA DE PROVERBS 31 MINISTRIES

Lysa TerKeurst es la presidenta de Proverbs 31 Ministries, ubicado en Charlotte, Carolina del Norte.

Si *Perdonar lo que no puedes olvidar* te fue de inspiración y deseas profundizar tu propia relación personal con Jesucristo, tenemos justo lo que estás buscando.

Proverbs 31 Ministries existe para ser un amigo de confianza que te tomará de la mano y caminará a tu lado, llevándote un paso más cerca del corazón de Dios a través de:

> Aplicación gratuita de estudio bíblico *First 5*
>
> Devocionales diarios en línea gratis
>
> Estudios bíblicos en línea
>
> Pódcast (puedes encontrar muy útil la serie de Lysa sobre Terapia y Teología, a medida que continúas en tu propósito de mantenerte espiritual y emocionalmente saludable).
>
> COMPEL Writer Training [Entrenamiento para escritores COMPEL]
>
> She Speaks Conference [Conferencia Ella Habla]
>
> Libros y recursos

Nuestro deseo es ayudarte a conocer la verdad y a vivir la verdad; porque cuando lo haces, eso lo cambia todo.

Para obtener más información sobre Proverbs 31 Ministries, visita

www.Proverbs31.org/forgiveness

A través de su historia asombrosa de una fe progresiva, Lysa te invita a descubrir la emocionante vida espiritual que todos ansiamos.

Con su ingenio característico y su sabiduría espiritual, te ayudará a:

- Aprender cómo un pasaje de la Biblia puede volverse vívido en tu tiempo devocional.

- Reemplazar la duda, la lamentación y la envidia por la verdad, la confianza y la alabanza.

- Detener los ciclos enfermizos de la lucha interior y aprender verdaderamente a amar quién eres y lo que te ha sido dado.

- Descubrir cómo tener paz interior y seguridad en toda situación.

- Sentir que Dios responde tus oraciones.

¡La aventura que Dios tiene para tu vida podría llegar muy lejos!

Lysa Terkeurst admite que, como la mayoría de las mujeres, tiene momentos en los que otras personas la enfurecen y ella se desmorona emocionalmente. Cuando eso sucede, unos nos conformamos otros explotamos o reaccionamos de alguna manera intermedia.

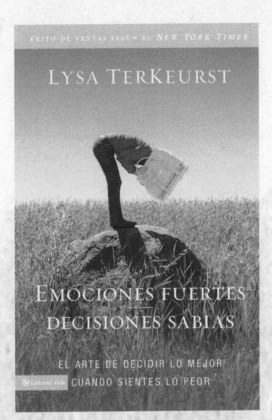

¿Qué hacer con esas emociones?

¿Es realmente posible lograr que las emociones nos ayuden en vez de que nos perjudiquen?

La respuesta es sí y, en su acostumbrado estilo, Lysa te mostrará cómo.